Monike Czarnecki ✖ Virginie Desmoulins ✖ Isabelle Schwartz

100% RÉCUP

BRIC À BRAC DE BRICOS RIGOLOS !

bayard jeunesse

100% RÉCUP

Les bricolages du livre sont répertoriés en trois catégories selon les niveaux de difficulté suivants :

- FACILE
- MOYEN
- ASSEZ DIFFICILE

✖ **Stylisme et photographies :** Philippe Ughetto
✖ **Illustrations :** Blaise Jacob
✖ **Conception éditoriale et graphique :** Bayard Éditions

MONIKE CZARNECKI

VIRGINIE DESMOULINS

ISABELLE SCHWARTZ

ISBN : 978-2-7470-7141-3 Dépôt légal : septembre 2016
Loi 49-956 du 16 juillet 1949 destinée à la jeunesse

Imprimé en Malaisie par Tien Wah Press

SOMMAIRE

05 07 09 11 13 15 17 19
21 23 25 27 29 31 33 35
37 39 41 43 45 47 49 51
53 55 57 59 61 63 65 67
69 71 73 75 77 79 81 83
85 87 89 91 93 95 97 99

100 % MATÉRIAUX RÉCUP !

BOIS

Petit mobilier (chaise, table, caisse à tiroirs…), bois flotté, épingles à linge, cagettes, bobines de fil, morceaux de bois, bâtons, baguettes en bois, petit cadre, branches, perles, brindilles, bouchons en liège, brochette, cuillères, cure-dents.

PLASTIQUE/CAOUTCHOUC

Pots de yaourt, pots de crème, bouteilles de lait, d'eau, de jus de fruits, de yaourt à boire, boîtes d'œufs, cuillères, ballons de baudruche, bouchons de bouteille, capsules transparentes, CD, boîte de chocolat en poudre, pailles, fils scoubidous, rouleau de dévidoir de ruban adhésif, élastiques, perles, œuf type Kinder.

TISSUS/LAINE
ET AUTRES ACCESSOIRES DE COUTURE

Tissus (coton, polaire, satin, dentelle…), feutrine, pompons, torchon, jean, pull, laine, fil à broder, boutons, épingles à nourrice, ruban, gants en laine, gants de toilette, bob, torchons, Tee-shirts, chaussettes, cordelette.

VERRE

Pots de yaourt, de confiture, de crème.

NATURE/VÉGÉTAUX MINÉRAUX

Glands, marrons, feuilles, écorces de bois, gravier, plumes, coquillages, galets, coton hydrophile, ardoise, bâton de cannelle.

MÉTAL

Boîtes de conserve, fil de fer, fil de laiton, canettes, boîte de thé, pince à thé, couvercle de pot, barquette et papier d'aluminium, tube de peinture vide, écrous, rondelles, porte-clé, cintre, capsules de bouteille, muselet (partie métallique entourant les bouchons).

PAPIER/CARTON

Papiers divers, papier calque, papier de soie, papier journal, étiquettes, magazines, livres, serviettes, timbres, anses de sac, boules de cotillon. Carton épais, ondulé, tubes d'essuie-tout, assiettes, couvercle boîte à chaussures, boîtes d'œufs, boîtes d'allumettes, boîtes de fromage, boîtes de lessive, pots de glace.

AUTRES

Éponges épaisses et plates, savon, bougie, pâtes alimentaires, toile à peindre, lampe de poche, flotteur de canne à pêche, breloques.

CANETTES CANARD

La pêche est bonne !

MATÉRIAUX

- MÉTAL
- PLASTIQUE
- CAUTCHOUC

CANETTES CANARD

IL TE FAUT

- 3 canettes vides
- 6 ballons de baudruche
- 6 petites cuillères en plastique
- du papier blanc
- de la peinture acrylique et des pinceaux
- des ciseaux
- de la colle
- 1 bâton fin
- de la ficelle
- 1 crochet de canette

01

Peins chaque canette.

02

Dessine des yeux masqués sur des bandes de papier blanc, découpe-les et colle-les sur le haut de chaque canette.

03

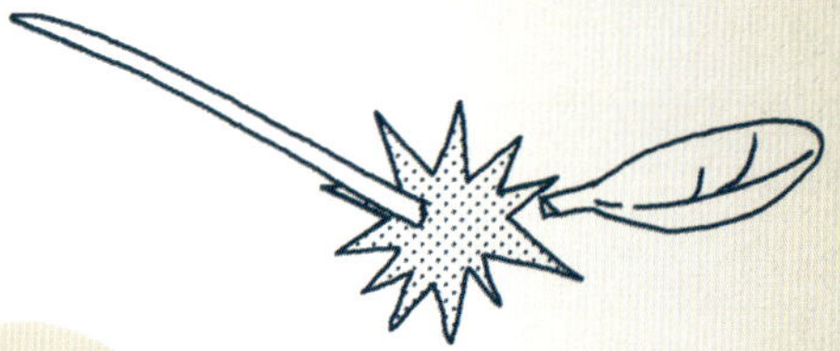

Casse les petites cuillères en deux et conserve les têtes.

04

Pour chaque canette, il faut deux ballons. Noue les ballons à la canette comme sur le schéma, glisse les têtes des cuillères dans les embouts des ballons, puis colle-les ensemble.

05

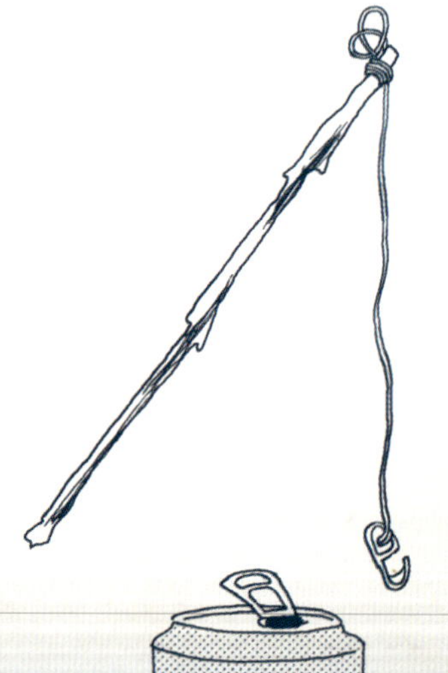

Pour la canne à pêche : prends le bâton, enroule de la ficelle autour et fais un nœud. Fixe ensuite un crochet à l'extrémité. Bonne pêche !

LES DOUDOUGANTS

LES DOUDOUGANTS

ASTUCE Tu peux coudre des brins de laine pour faire des cheveux à ton doudougant.

IL TE FAUT

- des gants troués ou dépareillés
- des jolis petits boutons
- des brins de laine
- du fil à coudre
- de la ouate de rembourrage
- des ciseaux
- 1 aiguille à coudre
- 1 aiguille à coudre la laine

01

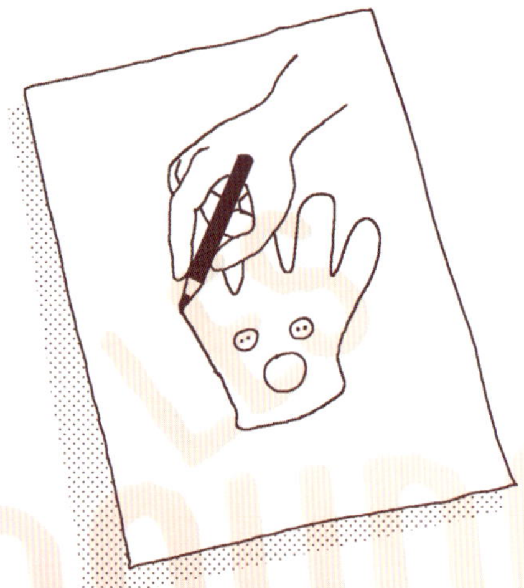

Choisis le modèle de la forme que tu veux donner à ton gant.

02

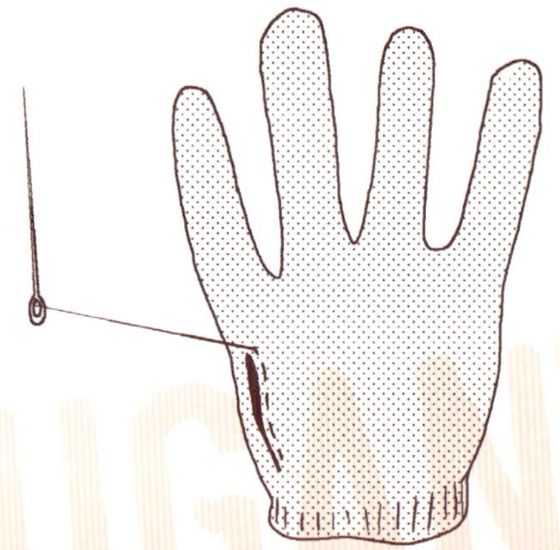

Rentre le(s) doigt(s) dont tu n'as pas besoin à l'intérieur du gant et couds-en l'ouverture pour le(s) fixer.

03

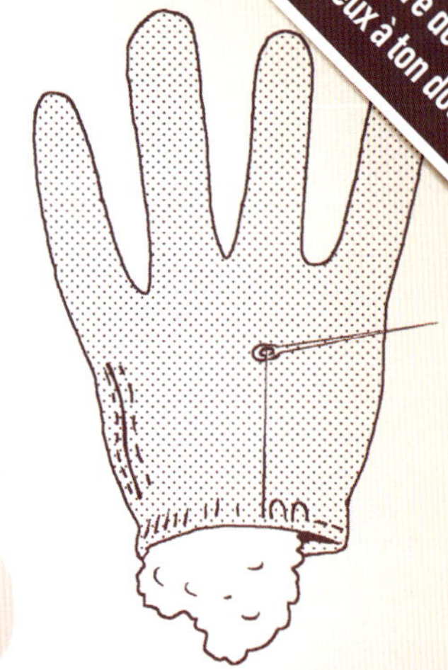

Rembourre le gant avec la ouate puis ferme le bas du gant par des points de couture.

04

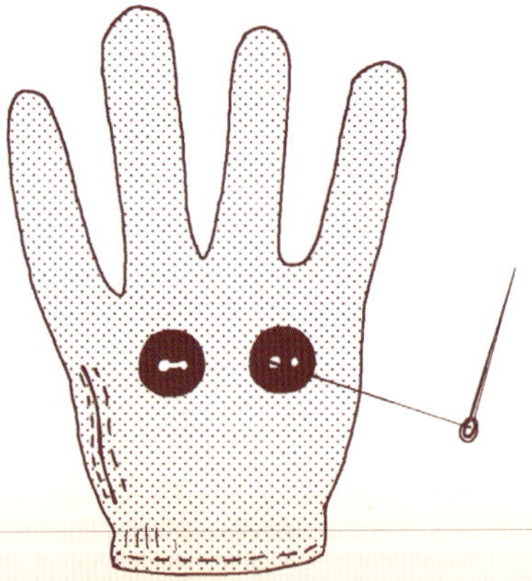

Couds les boutons pour faire les yeux.

05

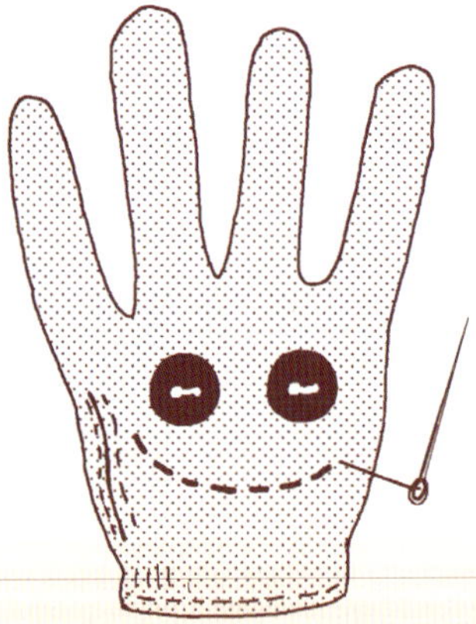

Couds avec l'aiguille et le fil à laine une bouche pour chaque personnage.

06

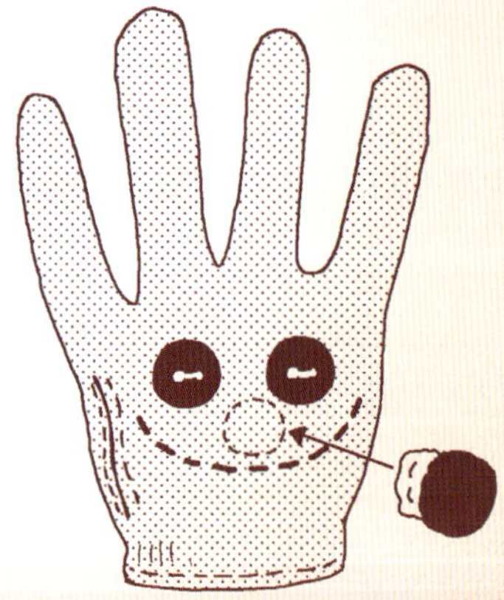

Si tu veux placer un nez, coupe un bout de doigt d'un autre gant, rembourre-le et couds-le au milieu du visage. Tu peux aussi rembourrer le pouce du gant que tu utilises comme pour le doudou vert.

PETIT MUSÉE D'HISTOIRE NATURELLE

MATÉRIAUX

VÉGÉTAUX

PETIT MUSÉE D'HISTOIRE NATURELLE

ASTUCE N'utilise pas trop de colle pour ne pas déborder autour de chaque élément.

IL TE FAUT

- des glands, marrons, feuilles, bogues, racines, graines, brindilles…
- quelques feuilles de papier épais
- de la colle
- 1 petit cadre ou des baguettes en bois
- des étiquettes (si tu souhaites référencer chaque insecte)

01

Découpe plusieurs morceaux de papier.

02

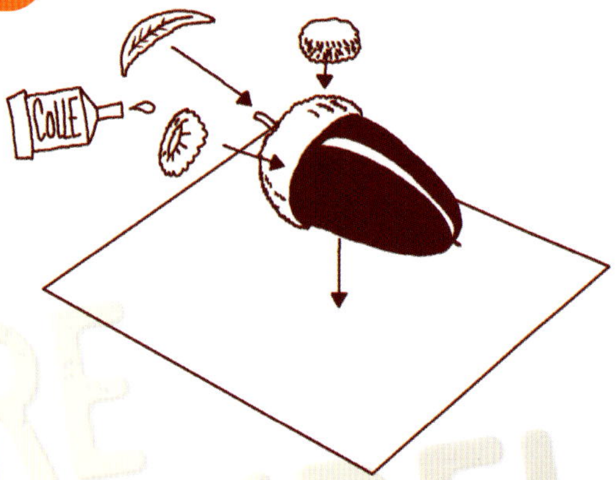

Colle sur le papier une bogue, un gland ou une feuille d'arbre, pour faire le corps de l'insecte. Inspire-toi des modèles de la photo : colle tes matériaux végétaux pour faire le corps et la tête des insectes.

03

Pour les pattes et les antennes, colle des brindilles, des aiguilles de pin, etc.

04

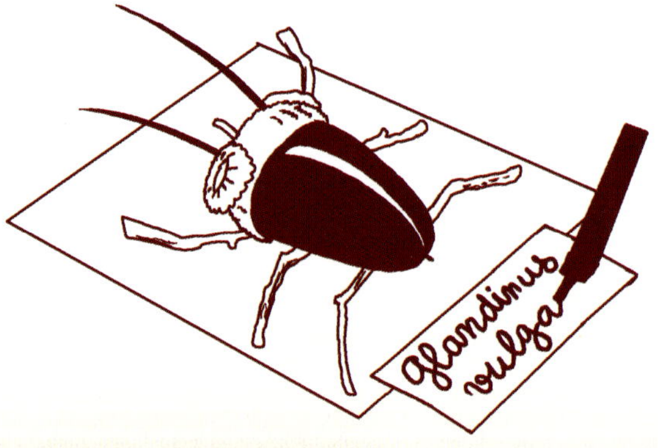

Tu peux inscrire le nom (réel ou inventé) de tes insectes sur une petite étiquette, tu n'as plus qu'à les exposer !

05

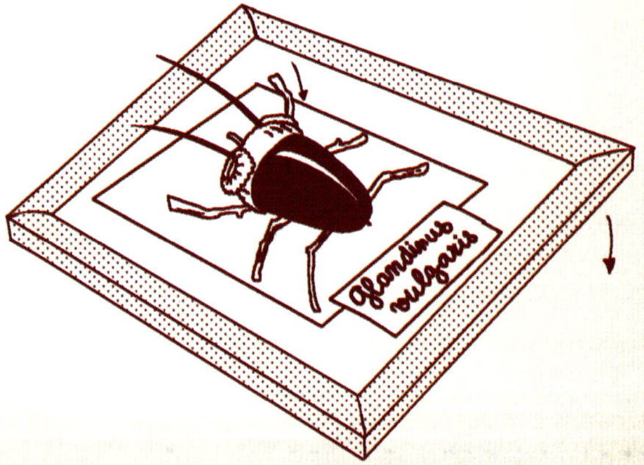

Tu peux aussi présenter ton insecte dans un joli petit cadre : ambiance végétale assurée !

MATÉRIAUX

- PAPIER
- CARTON

BOÎTES À POIS

BOÎTES À POIS

ASTUCE Tu peux aussi tapisser l'intérieur de ta boîte de la même façon.

IL TE FAUT

- des serviettes en papier avec de jolis motifs colorés
- des boîtes en carton avec un couvercle
- 2 cuillerées à soupe de farine
- 1 grand verre d'eau
- de la peinture acrylique blanche
- des ciseaux
- 1 gros pinceau
- 1 petite casserole
- 1 fouet

01

Commence par préparer la colle. À l'aide d'un fouet, mélange l'eau et la farine dans la casserole. Fais chauffer sur le feu quelques minutes. Lorsque le mélange épaissit, la colle est prête.

02

Peins tes boîtes avec la peinture blanche. Laisse bien sécher.

03

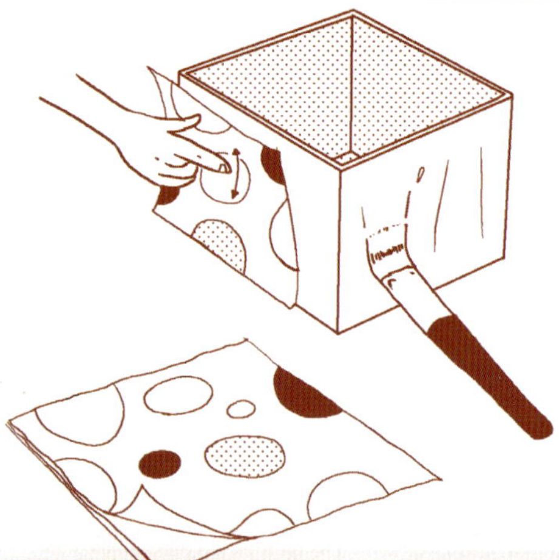

Passe une couche de colle avec le pinceau sur chacune des boîtes. Sépare les trois couches de papier des serviettes. Garde seulement la couche imprimée et pose-la sur la boîte très délicatement. Appuie légèrement avec ton doigt pour lisser la serviette.

04

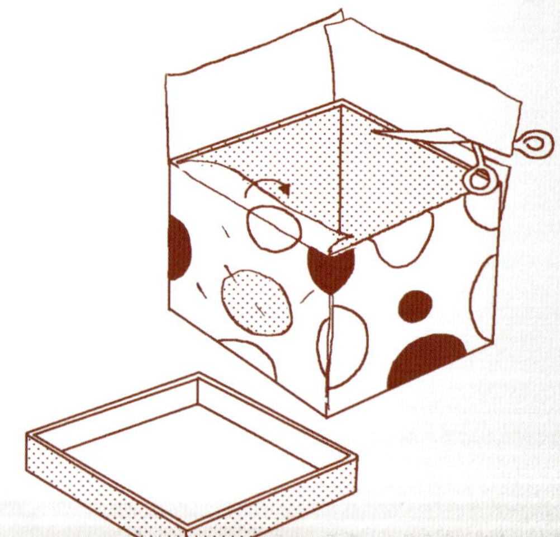

Avec les ciseaux coupe les bouts qui dépassent à 1 cm du bord. Puis rabats les pans de serviette à l'intérieur de la boîte et appuie sur le pli ; colle-les. Laisse bien sécher avant utilisation.

LES MASQUES POUR SE FAIRE PEUR

hi hi hi !

gnark ! gnark !

bidip... bidip...

MATÉRIAUX

PAPIFR

CARTON

LES MASQUES POUR SE FAIRE PEUR

IL TE FAUT

- des assiettes en carton
- de la colle à papier peint
- des journaux
- de la peinture et des pinceaux
- 1 morceau de grosse ficelle
- 1 agrafeuse
- 1 feuille de papier calque
- 1 crayon
- 1 tube de carton essuie-tout ou de papier toilette
- 1 élastique
- 1 cutter (attention, ça coupe!)

01

Demande à un adulte d'appliquer le calque sur ton visage pour prendre tes mesures. Reporte les emplacements des yeux, du nez et de la bouche sur l'assiette.

02

Puis, avec l'aide d'un adulte, découpe au cutter les yeux, la bouche et le nez. Prévois aussi un petit trou de chaque côté du masque pour pouvoir passer l'élastique.

03

Agrafe ensuite un bout de carton découpé dans une autre assiette : un simple triangle plié en deux pour le nez du martien. Puis agrafe les antennes et les oreilles du martien découpées dans un tube en carton.

04

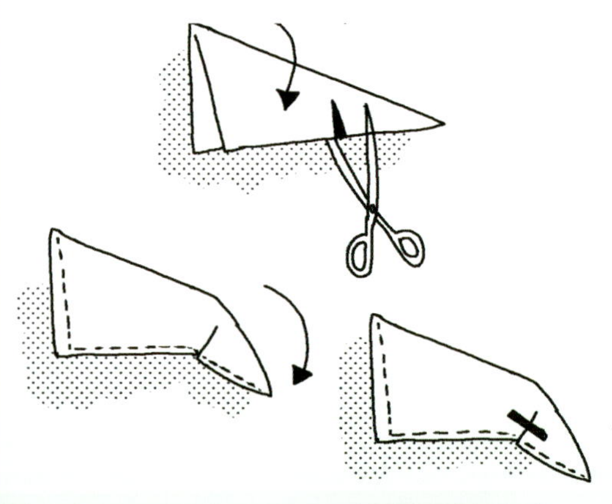

Pour le nez de la sorcière, suis les indications du schéma. Agrafe ensuite la ficelle autour de l'assiette pour lui faire des cheveux.

05

Recouvre l'ensemble de bandes de papier journal badigeonnées de colle. Laisse sécher jusqu'au lendemain.

06

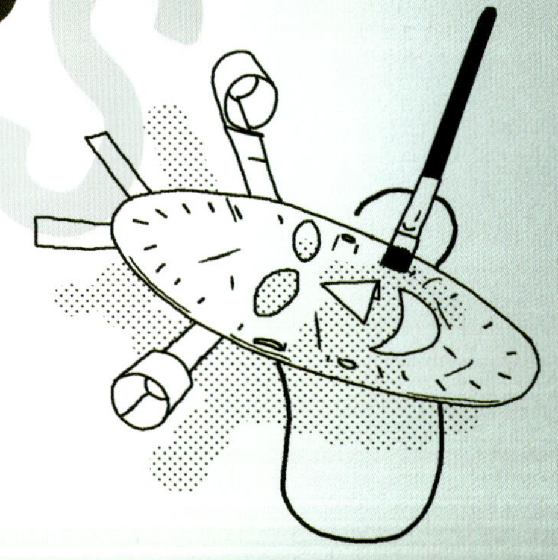

Passe une première couche de peinture blanche sur le masque, laisse sécher puis peins le visage. Enfile l'élastique dans les deux trous et termine par deux nœuds.

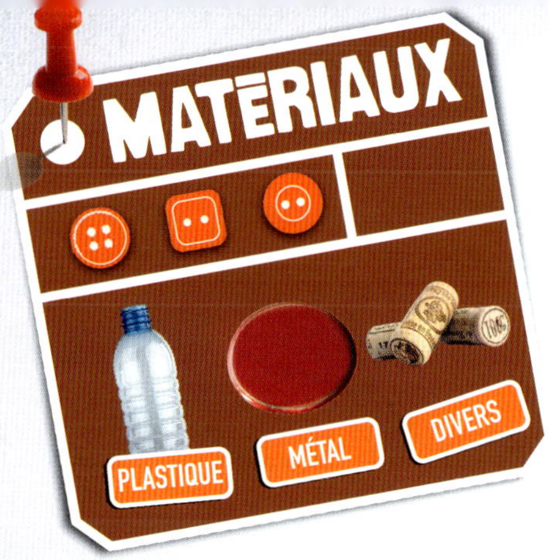

3, 2, 1 PARTEZ !

LE RALLYE

VROUM !

VROUM !

LE RALLYE

ASTUCE Pour que le conducteur tienne mieux, tu peux enfoncer un cure-dent dans le bouchon et planter le cure-dent dans le fond de la voiture.

IL TE FAUT

- 1 petite bouteille vide en plastique
- 1 bouchon en plastique coloré
- 2 capsules
- 2 brochettes en bois
- 4 petits couvercles
- 1 bouchon en liège
- des pailles coudées
- 1 pot de yaourt (taille standard)
- de la colle forte
- de la peinture acrylique et des pinceaux
- 1 marteau et 1 clou
- des ciseaux pointus
- 1 cutter (attention, ça coupe !)

LA VOITURE

01

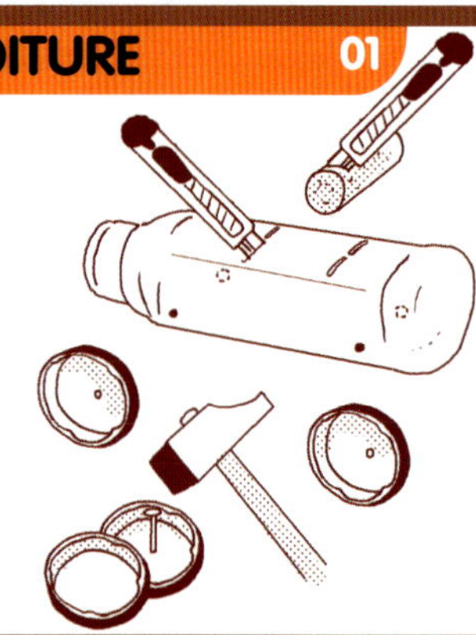

Demande à un adulte de percer avec un marteau et un clou ou des ciseaux, le centre des couvercles. Puis de faire quatre trous de part et d'autre de la bouteille. Ensuite, de découper au cutter des rondelles de bouchon. Enfin, de faire quatre fentes sur la paroi de la bouteille.

02

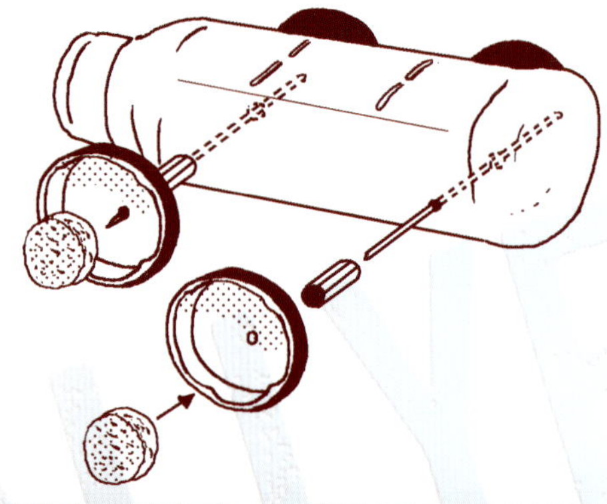

Glisse les brochettes dans les trous de la bouteille, puis enfile à chaque extrémité un petit morceau de paille, un couvercle et un morceau de liège.

03

Découpe le haut du pot de yaourt et introduis-le dans les fentes comme sur la photo pour faire le pare-brise.

04

Coupe deux petits morceaux de paille coudée et introduis-les dans la bouteille pour en faire des essuie-glaces.

05

Colle deux capsules sur le fond de la bouteille pour les phares.

06

Peins et décore le bolide comme tu le souhaites. Colle le conducteur (voir astuce ci-dessus).

VIDE BOB

Et hop !
C'est dans la poche !

VIDE BOB

IL TE FAUT

- 1 bob
- des petits objets de déco : badges, figurines…
- 50 cm de joli ruban épais
- des ciseaux
- du fil à coudre
- 1 aiguille à coudre
- des morceaux de tissu (facultatif)

01

Coupe le ruban en deux longueurs égales.

02

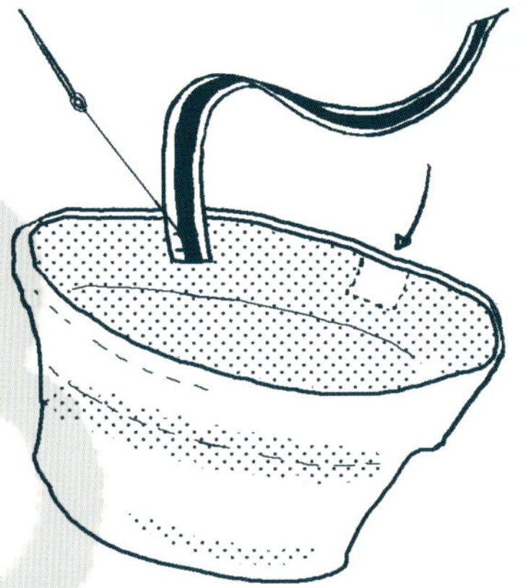

Couds chaque morceau de part et d'autre du bob pour former les anses.

03

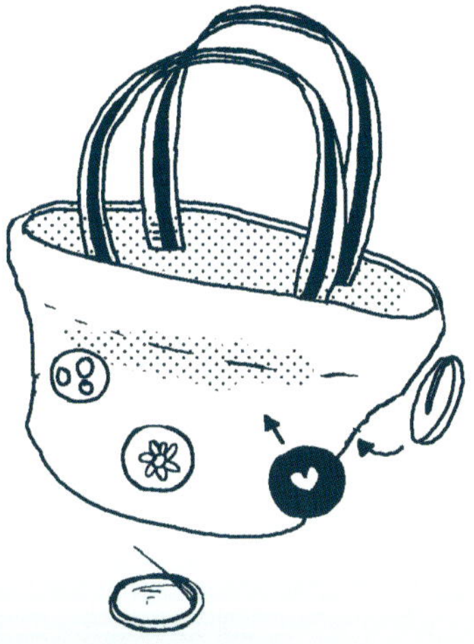

Épingle les badges.
Voilà un très joli vide-poche !

04

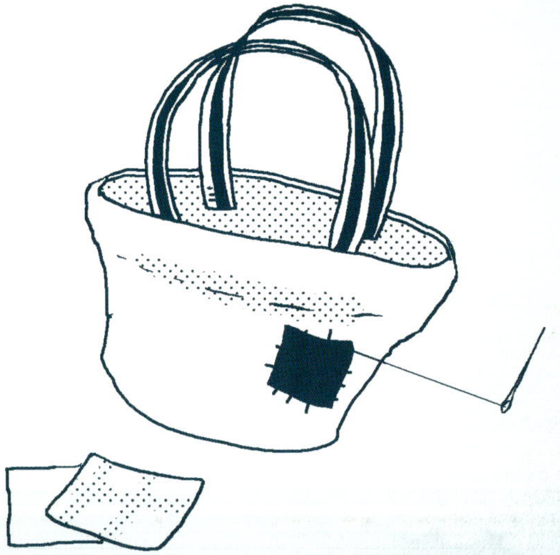

Tu peux aussi coudre sur le bob de jolis petits morceaux de tissu, des boutons ou d'autres petits objets.

CHAUSSONS MIGNONS

CHAUSSONS MIGNONS

ATTENTION Ces chaussons sont fragiles, ce sont des objets décoratifs !

IL TE FAUT POUR UNE PAIRE

- du carton épais (3 ou 5 mm)
- 1 paire de chaussons
- du papier journal
- du papier de soie imprimé
- du ruban ou des mini-pompons
- de la colle à papier peint
- 2 ballons de baudruche (4 pour les charentaises)
- du ruban adhésif
- de la peinture et 1 pinceau
- des ciseaux
- 1 cutter (attention, ça coupe !)
- 1 crayon à papier

LES MULES

LES CHARENTAISES

01

Pose tes chaussons sur le morceau de carton épais. Dessine au crayon à papier le contour de tes semelles. Découpe au cutter avec l'aide d'un adulte.

02

Gonfle un petit ballon de baudruche de la taille de l'avant de ta mule. Fais un nœud. Pose le ballon sur l'avant de la semelle et fixe-le avec du ruban adhésif. Répète l'opération pour l'autre mule.

03

Pour chaque charentaise, il faut gonfler deux ballons, un devant et un second à l'arrière de la semelle pour avoir un support des 2 côtés du chausson.

04

Prépare des bandes de papier journal d'environ 3 cm sur 10. Trempe-les dans la colle et recouvre le ballon pour faire la forme du chausson. Pose plusieurs couches de papier. N'oublie pas le dessous. Laisse sécher une nuit.

05

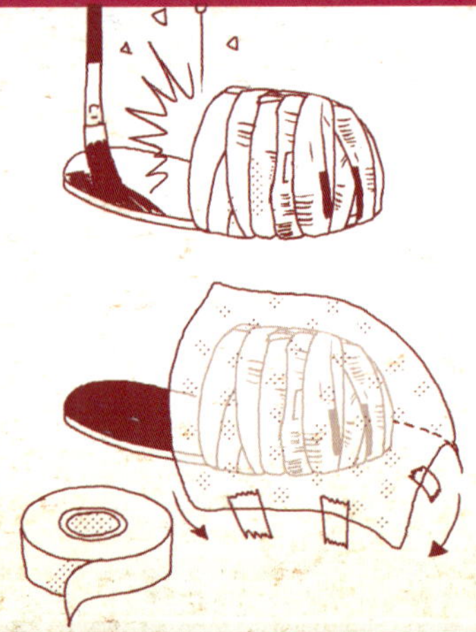

Perce le ballon pour le sortir de son piège de papier ! Peins la semelle. Recouvre de papier de soie imprimé le dessus de la mule et maintiens-le en dessous de la semelle avec du ruban adhésif.

06

Pour la touche finale, entoure tes mules d'un joli ruban ou fixe des pompons à tes charentaises. Puis signe ta création ou crée un joli nom de marque.

BÉBÊTES EN FOLIE !

MATÉRIAUX

PLASTIQUE

BÉBÊTES EN FOLIE !

IL TE FAUT

- des cuillères en plastique (toutes tailles et couleurs)
- des perles de rocaille
- des paillettes
- 1 stylo de colle à paillettes
- du fil à scoubidou
- des morceaux de carton ondulé
- des ciseaux
- de la colle forte
- du ruban adhésif double face

01

Coupe avec tes ciseaux tous les manches des cuillères.

02

Coupe des bouts de fils à scoubidou pour faire les pattes et les antennes des insectes.

03

Si les cuillères sont assez plates, colle directement les pattes à l'intérieur avec le ruban adhésif double face. Si les cuillères sont très creuses, il faut commencer par coller un bout de carton ondulé dedans pour rétablir le niveau, puis coller les pattes dessus.

04

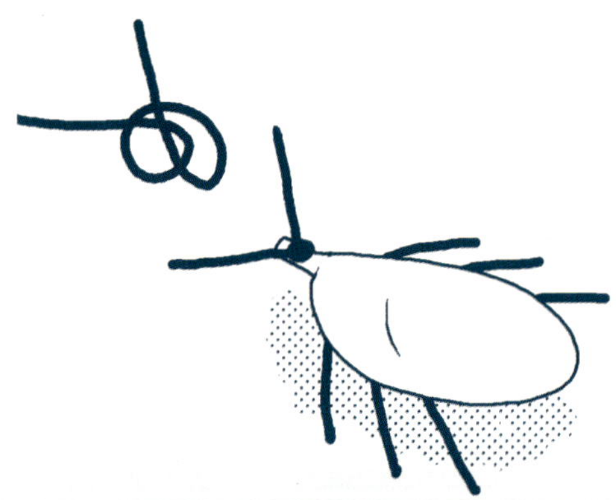

Pour les antennes, utilise un bout de fil au milieu duquel tu fais un nœud pour donner du volume.

05

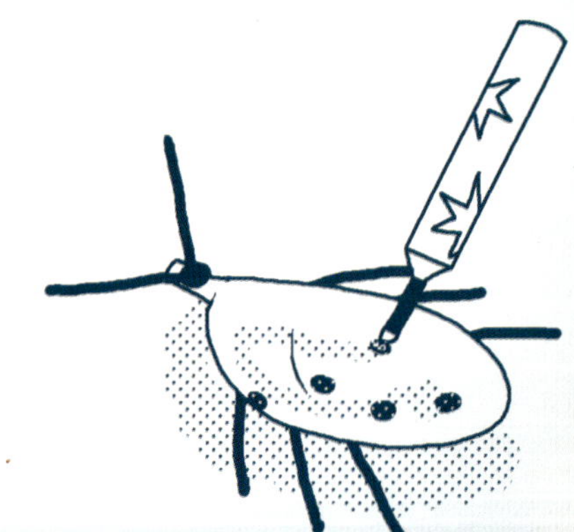

Termine en décorant tes insectes : colle des paillettes et des perles à l'aide de la colle à paillettes.
Laisse bien sécher avant de jouer avec. On peut monter les insectes en broche ou les exposer dans une jolie boîte transparente.

LES CARNETS TRESSÉS

LES CARNETS TRESSÉS

IL TE FAUT

- des petits carnets et cahiers
- des pages de journaux, magazines, des restes de papier cadeau, d'emballage…
- des ciseaux
- de la colle
- des feuilles de papier

01

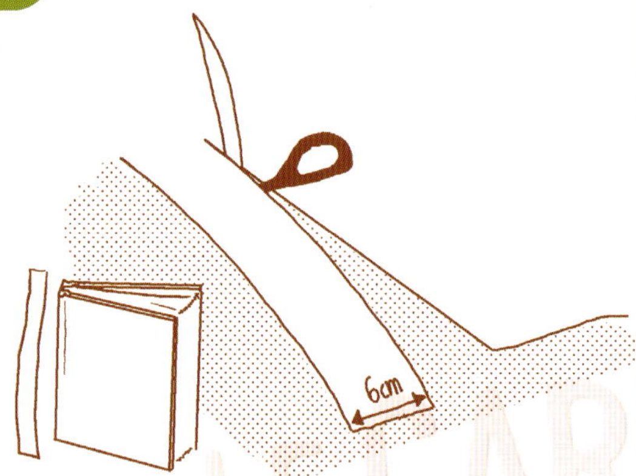

Prends les mesures de ton cahier ouvert et découpe des bandes de papier de 6 cm de large et un peu plus longues que la hauteur de ton cahier.

02

Plie les bandes en trois dans le sens de la longueur.

03

Tisse les bandes ainsi obtenues en les croisant et en les serrant bien. Fixe les bandes du haut entre elles par un morceau de ruban adhésif. Tes bandes resteront ainsi bien en place.

04

Quand tu arrives a couvrir la surface du cahier, retourne l'ensemble du tissage sur la table et mets de la colle sur toute la surface.

05

Colle un papier de la même surface que le cahier sur le tissage puis rabats à l'intérieur les bouts de papier qui dépassent.

06

Mets de la colle sur toute la surface du papier et colle le tout sur ton cahier ou ton carnet.

BOUGIES RECYCLÉES

c'est la fête !!

BOUGIES RECYCLÉES

ATTENTION Ce bricolage est à faire avec un adulte.

IL TE FAUT

- des bougies chauffe-plats de couleur
- des morceaux de bougie
- des caissettes papier pour petits gâteaux
- des petits moules à gâteaux (si possible en silicone)
- des bols
- 1 casserole
- 1 baguette en bois

01

Trie les restes de bougies par couleur et répartis-les dans des bols. Tu peux aussi utiliser la cire des bougies chauffe-plats.

02

Pose les caissettes à gâteaux sur un plan de travail. Mets dedans les mèches que tu auras récupérées en démontant les bougies chauffe-plats.

03

Avec un adulte, mets de l'eau dans une casserole, place le bol avec les morceaux de bougie à l'intérieur. Fais chauffer. Laisse fondre doucement et remue la cire de temps en temps avec ta baguette en bois.

04

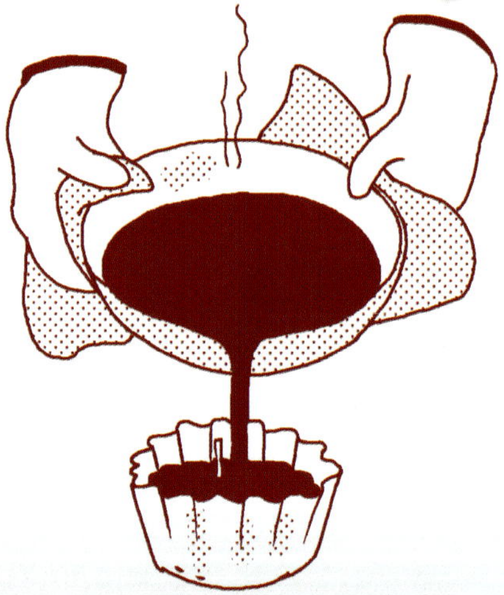

Quand la cire est complètement fondue, verse-la délicatement dans les caissettes et les moules.

05

Répète l'opération en fonction des couleurs.

06

Laisse bien refroidir avant de retirer le papier ou le moule.

LA FAMILLE DOUDOU

LA FAMILLE DOUDOU

IL TE FAUT

- des gants de toilette en éponge
- des chutes de tissu, de feutrine
- des boutons
- du fil de coton et de laine
- du ruban
- 1 aiguille
- des ciseaux

01

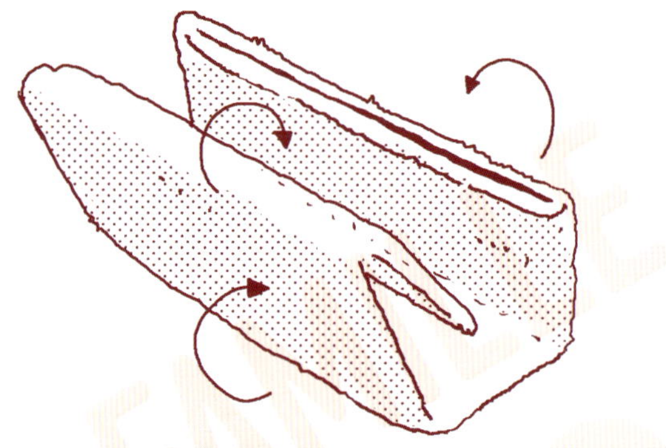

Plie un gant de toilette plusieurs fois sur lui-même pour former le personnage.

02

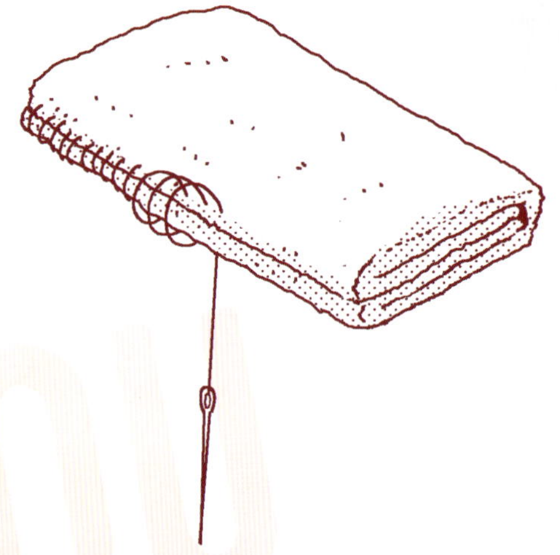

Couds les côtés du gant de toilette.

03

Pour la finition, couds des boutons pour les yeux, un morceau de fil de coton pour la bouche, des chutes de tissu pour habiller le corps. Ajoute des rubans pour faire des ceintures ou des coiffures.

04

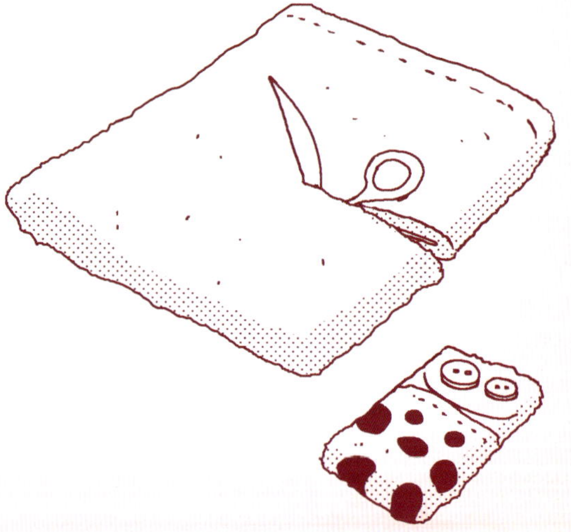

Tu peux faire des personnages de plus petite taille en utilisant un gant de toilette coupé en deux.

UN NICHOIR DOUILLET

Cui ! Cui ! Cui !

MATÉRIAUX

UN NICHOIR DOUILLET

DIFFICULTÉ Découper la boîte de thé pour l'entrée du nichoir. Demande à un adulte de le faire avec des ciseaux solides.

IL TE FAUT

- 1 boîte de thé en fer vide avec son couvercle
- 1 cagette
- de la ficelle
- 1 barquette en aluminium
- des ciseaux pointus
- 1 grosse agrafeuse
- de la peinture acrylique, des pinceaux
- 1 éponge plate
- 2 bouchons en plastique
- de la colle forte
- 1 marteau et 1 clou
- 4 attaches parisiennes
- du vernis (facultatif)

01

Demande à un adulte de découper un carré sur une paroi de la boîte. Puis de percer quatre petits trous sur les côtés et quatre autres au fond avec un clou et un marteau. Et enfin, de découper un morceau de la barquette d'aluminium en conservant le fond et les bords. La longueur des morceaux est à adapter en fonction de la taille de la boîte de thé.

02

Colle des morceaux d'éponge autour du trou afin d'éviter que l'oiseau ne se blesse en entrant dans le nichoir.

03

Découpe des morceaux plats de cagette. Il faut un morceau carré pour le socle de la maison (percé par quatre trous), et deux rectangles pour le toit. Plie le morceau d'aluminium en deux en forme de toit et agrafe dessus les deux rectangles en bois.

04

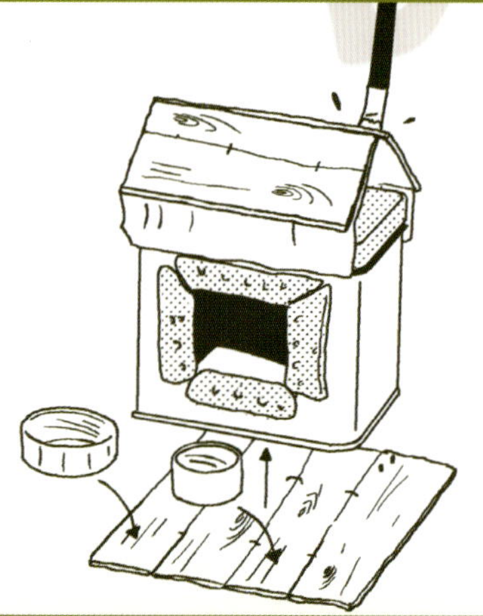

Colle le toit sur la boîte, puis fixe la boîte sur son socle avec quatre attaches parisiennes. Place devant l'entrée deux bouchons : un gros pour le grain, un petit pour l'eau. Décore ton nichoir avec de la peinture.

05

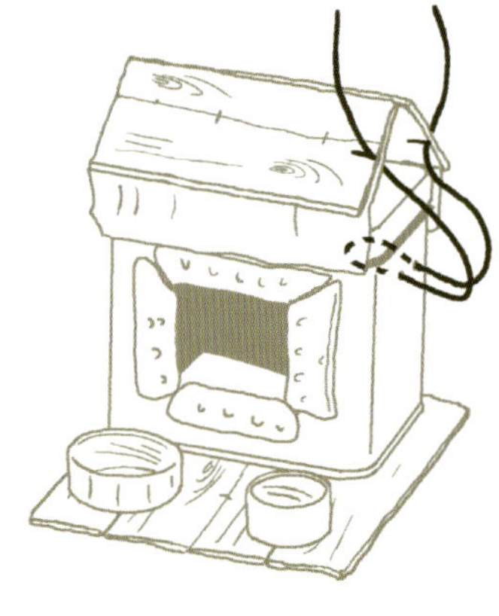

Passe une ficelle de 40 cm dans deux trous sur la même paroi de la boîte, puis demande à un adulte de faire des encoches sur le bord du toit avec les ciseaux et passe la ficelle dedans. Termine par un nœud. Répète l'opération de l'autre côté.

06

Accroche ton nichoir près d'une fenêtre, sur ton balcon ou dans ton jardin et attends les petits oiseaux !

TEE-SHIRTS CUSTOMISÉS

TEE-SHIRTS CUSTOMISÉS

IL TE FAUT

- 2 tee-shirts
- du fil à coudre de plusieurs couleurs
- des ciseaux pointus
- 1 aiguille à coudre
- des épingles
- du papier calque
- 1 crayon à papier

01

Décalque et reporte un motif sur l'un des tee-shirts que tu as choisis.

02

Découpe très délicatement la forme dans le tee-shirt.

03

Enfile les deux tee-shirts que tu as choisis l'un sur l'autre.

04

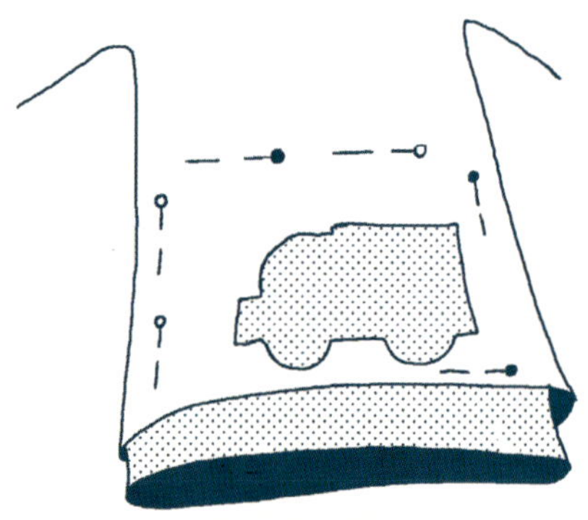

Une fois qu'ils sont superposés, fixe provisoirement tes tee-shirts avec des épingles.

05

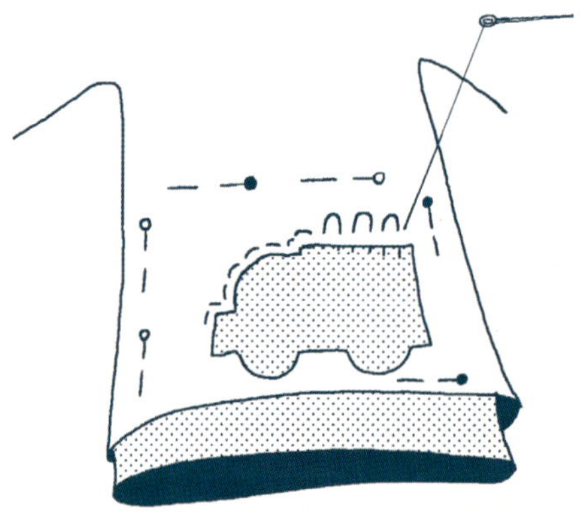

Couds à petits points le tour des motifs. Quand tu as terminé, recommence avec une autre couleur.

06

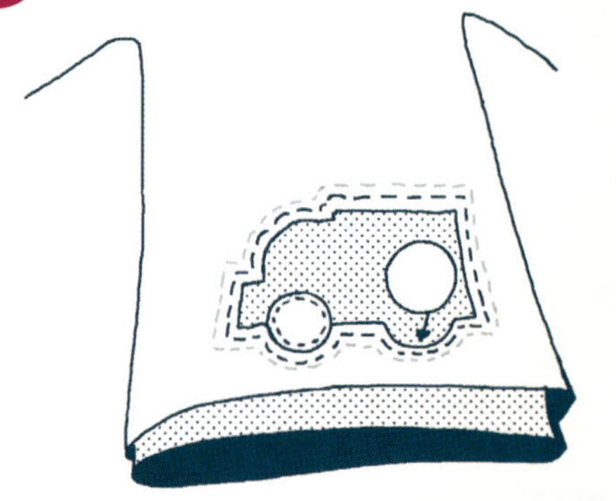

Pour les roues du camion : découpe-les dans les chutes de tissu et applique-les par-dessus.
Pour le bec de l'oiseau : couds plein de petits points à l'intérieur pour le remplir de couleur.
Pour l'œil : couds une paillette.

MONSIEUR ET MADAME CAILLOU

MONSIEUR ET MADAME CAILLOU

IL TE FAUT

- des coquillages et des galets
- 1 morceau de carton
- de la colle forte
- de la pâte à fixe ou de la pâte à modeler
- de la peinture acrylique
- des pinceaux

01

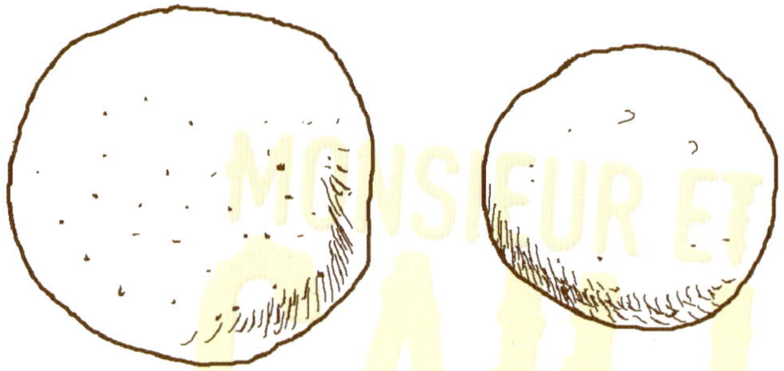

Choisis un galet plat pour Monsieur Caillou et un autre plus petit pour Madame Caillou.

02

Colle deux coquillages pour faire les yeux de Monsieur Caillou, puis colles-en un plus gros pour faire son nez (remplis les coquillages de pâte à fixe ou de pâte à modeler au préalable).

03

Pour Madame Caillou, découpe une petite bande de carton sur laquelle tu colleras le galet et les coquillages. Le collier doit être joli comme sur le modèle.

04

Décore les galets en peignant des yeux, une bouche, des cheveux… pour les visages de Monsieur et Madame Caillou. Quel joli couple !

PETITS CADRES ACIDULÉS

PETITS CADRES ACIDULÉS

IL TE FAUT

- des pailles
- du carton épais (de 3 à 5 mm)
- 1 règle
- 1 crayon à papier
- des ciseaux
- 1 cutter (attention, ça coupe !)
- du ruban adhésif double face

01

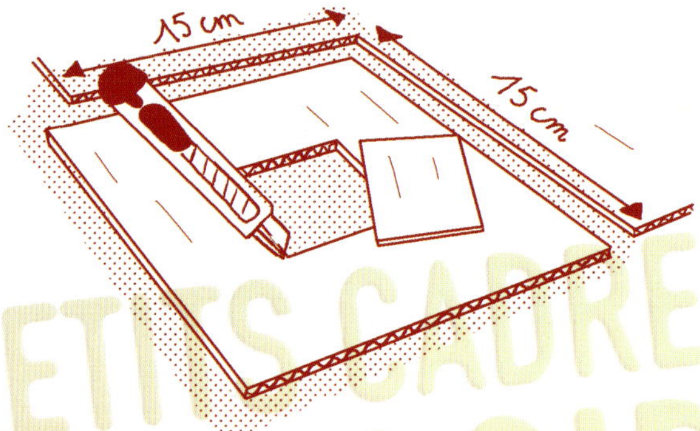

Trace sur le carton un carré de 15 x 15 cm et découpe-le au cutter avec l'aide d'un adulte.
Puis trace au centre un carré de 5 x 5 cm et découpe-le.

02

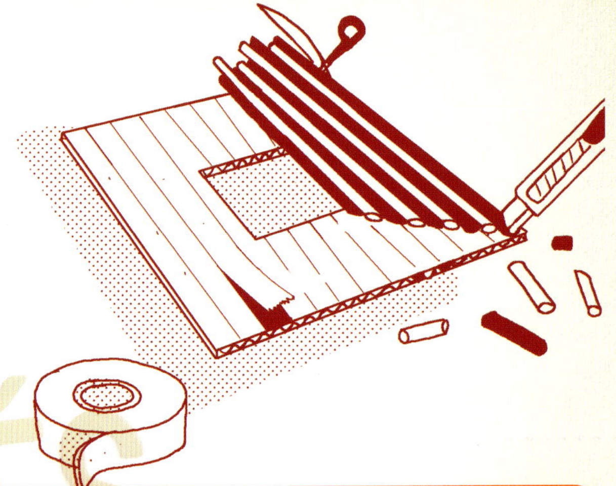

Recouvre toute la surface du cadre de ruban adhésif double face.
Pose les pailles une à une sur un des côtés et, avec un adulte, coupe-les à 45 degrés en diagonales.
Recommence la même opération sur les autres côtés.

03

Tu peux faire des cadres de tailles différentes et t'amuser avec les couleurs des pailles. Et avec les chutes tu peux aussi créer un cadre multicolore et sans découpes. C'est facile !

MINI-BOLIDES

MATÉRIAUX

MINI-BOLIDES

IL TE FAUT

- des bouchons en plastique de plusieurs tailles
- des capsules transparentes
- des épingles à tête
- du papier
- des crayons

01

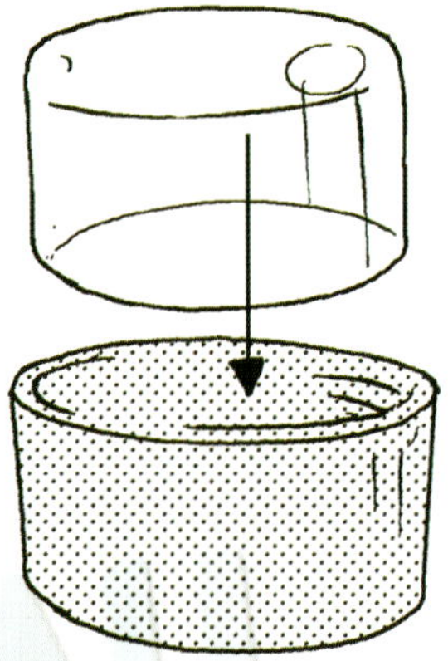

Encastre une capsule transparente dans un bouchon de couleur.

02

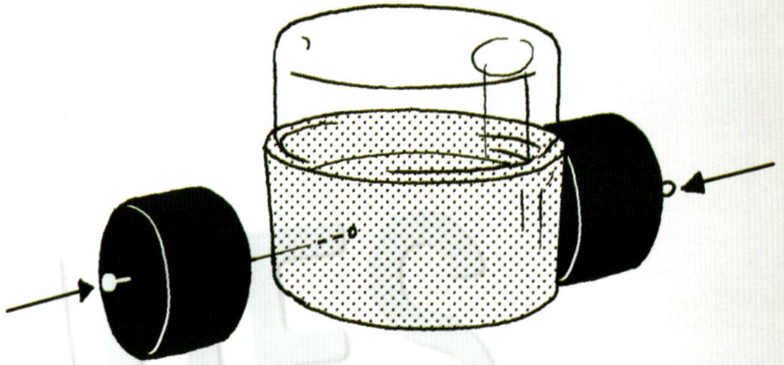

Enfonce une épingle à tête dans chacun des petits bouchons noirs puis dans le bouchon du bas.

03

Dessine sur du papier le conducteur, puis découpe-le et colle-le à l'intérieur du bolide ! Un tout petit jouet peut également faire l'affaire ainsi qu'un personnage créé en pâte à modeler qui durcit.

04

Vroum, vroum, la course peut commencer !

PETITS RANGEMENTS DÉMENTS

PETITS RANGEMENTS DÉMENTS

ASTUCE Tu peux utiliser la même technique avec des caisses de vin en bois comme étagères modulables.

IL TE FAUT

- 1 caisse ou 1 petit meuble à tiroirs
- de la peinture acrylique
- des pinceaux
- du papier de verre (facultatif)
- du vernis (facultatif)

01

Si le meuble est verni ou un peu sale, demande à un adulte de le poncer (avec du papier de verre).

02

Peins le meuble en blanc, cette première couche permettra ensuite que les couleurs soient plus éclatantes.

03

Peins le meuble avec les couleurs que tu désires, fais des dessins, des motifs : sois créatif !

04

Lorsque c'est sec, tu peux passer une couche de vernis pour protéger la peinture et faire ressortir les couleurs, mais cette étape n'est pas indispensable.

MONSTRE LUMINEUX

Frissons garantis !

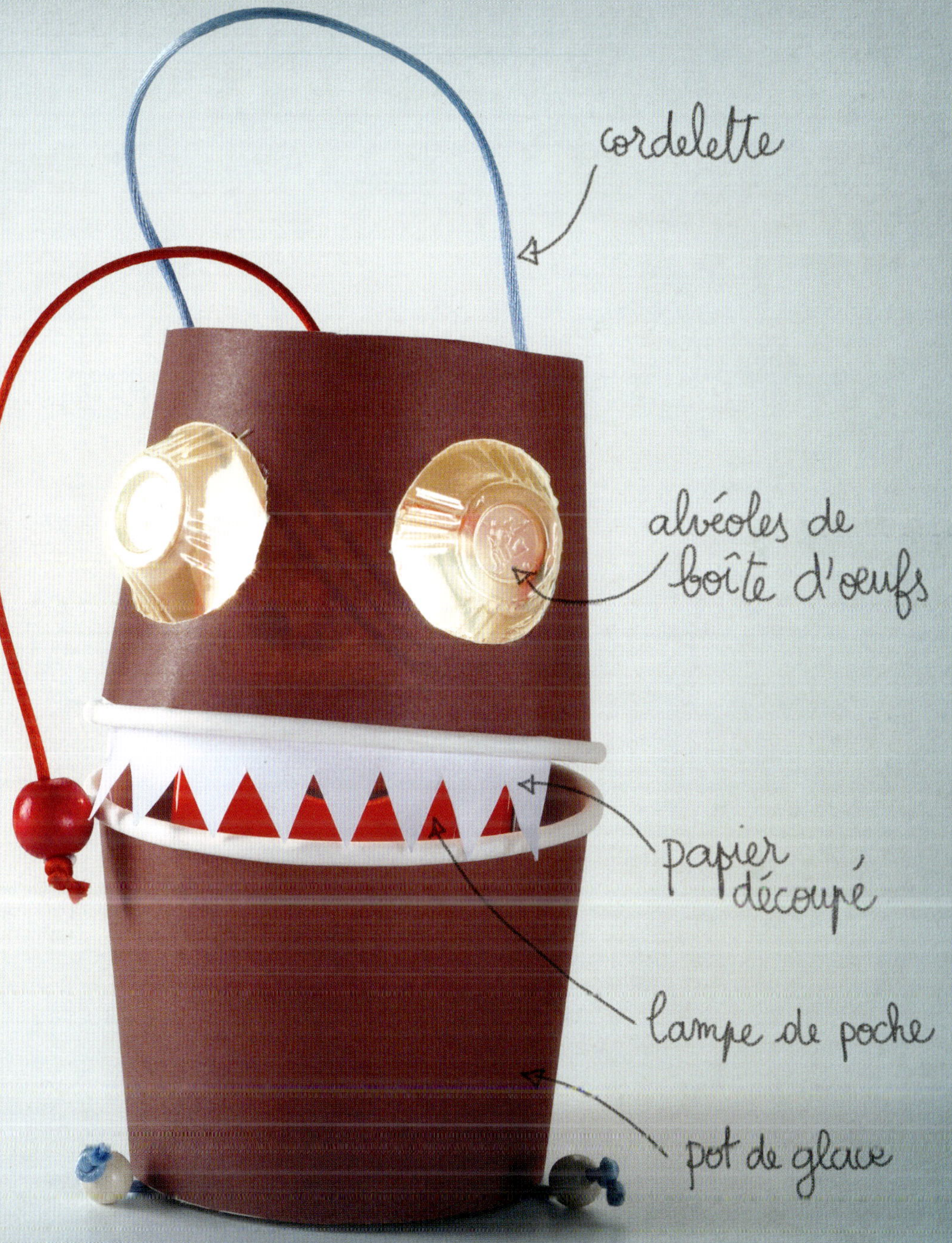

MONSTRE LUMINEUX

IL TE FAUT

- 1 lampe de poche
- 2 pots en carton type bols de soupe ou pots de glace
- 1 boîte d'œufs en plastique transparent
- 70 cm de cordelette (1 de 60 cm et 1 de 10 cm)
- 3 grosses perles en bois
- 1 grande feuille de papier marron
- 1 feuille de papier blanc épais
- 1 brochette en bois
- de la colle forte
- 1 crayon à papier
- des ciseaux
- 1 cutter (attention, ça coupe !)

01

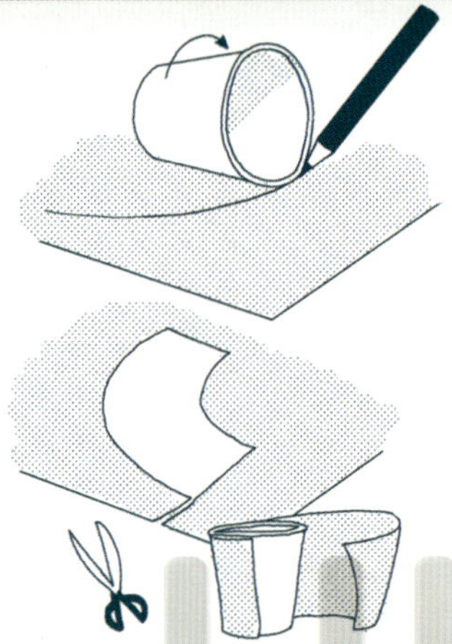

Recouvre les 2 pots en carton avec le papier marron. Pour dessiner le patron, fais rouler un pot sur la feuille en marquant le tour au crayon. Découpe le papier marron puis colle-le sur chaque pot.

02

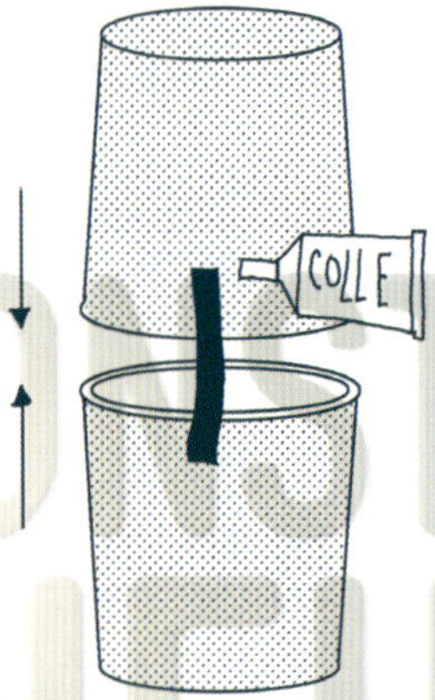

Pose les 2 pots l'un sur l'autre, ouverture contre ouverture. Pour coller les pots entre eux : colle au dos une fine bande de papier (de bas en haut).

03

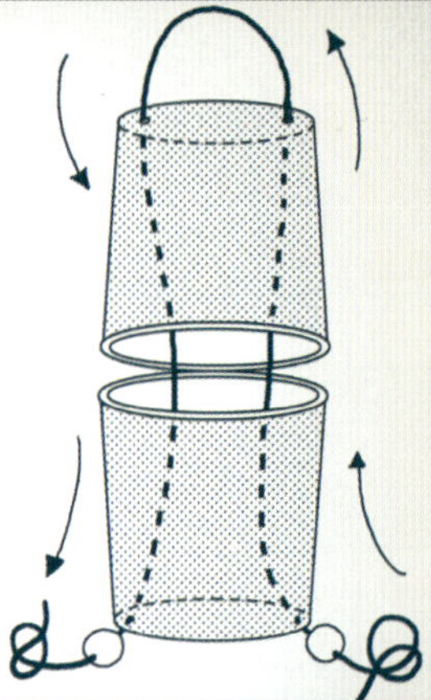

Perce avec la brochette 2 trous de chaque côté du pot du haut et 2 trous sur le pot du bas. Fais passer une cordelette de 60 cm de long dans les 4 trous comme sur le schéma. Enfile une perle aux extrémités de la cordelette et fixe par un nœud.

04

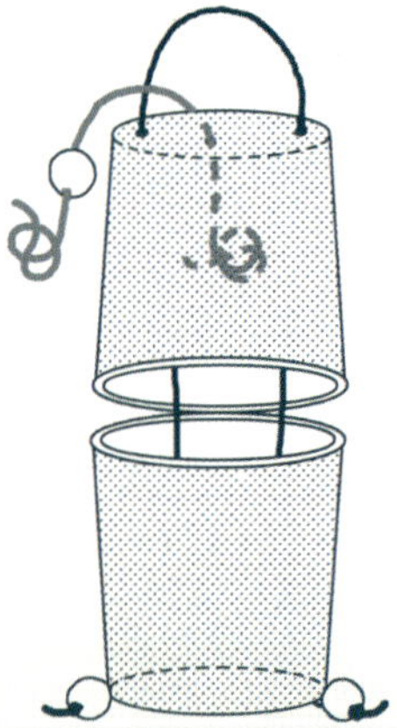

Perce un troisième trou sur le dessus du pot (à l'avant-centre) pour faire passer la cordelette de 10 cm. Enfile une perle au bout et termine par un nœud à l'intérieur du pot.

05

Dans la boîte d'œufs, découpe 2 petites alvéoles. Dessine sur le pot du haut deux cercles un peu plus petits que le diamètre des alvéoles. Avec un adulte, découpe la forme des yeux au cutter. Glisse les alvéoles à l'intérieur du pot. Quant elles sont ajustées, colle-les à l'intérieur.

06

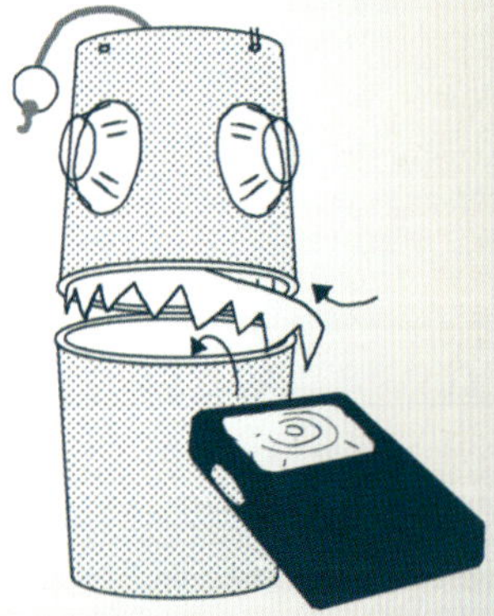

Découpe dans une bande de papier blanc épais des dents bien pointues et colle-les à l'intérieur de la partie supérieure du monstre. Glisse la lampe de poche à l'intérieur de la tête du monstre. Cauchemar garanti !

ALBUMS TOUT RONDS

ALBUMS TOUT RONDS

IL TE FAUT

- des CD
- du papier imprimé
- de la colle en bombe
- 1 perceuse (à utiliser par un adulte exclusivement !)
- des ciseaux
- 1 morceau de lacet, de ruban ou de joli tissu
- 1 crayon à papier

01

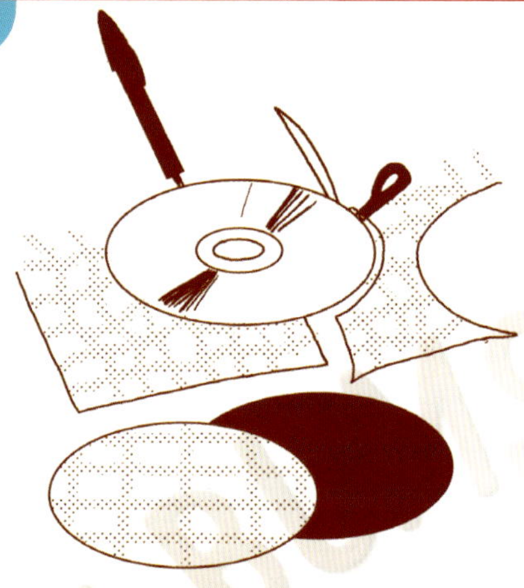

Pose ton CD sur un papier imprimé. Dessines-en le contour. Puis découpe le papier. Prévois un recto/verso par CD. Répète l'opération plusieurs fois selon le nombre de pages d'album que tu as prévu de faire.

02

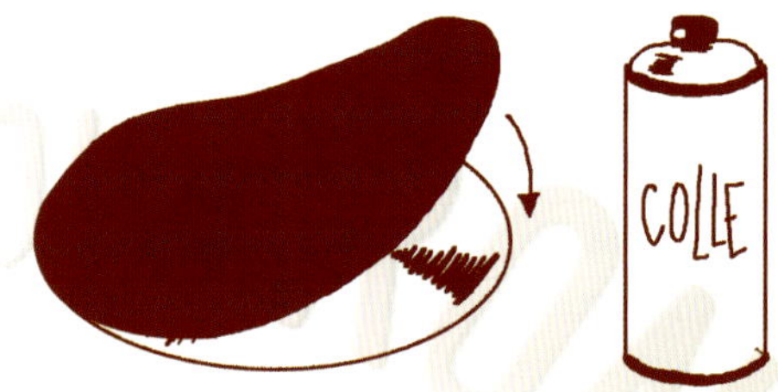

Colle un papier sur le recto et le verso de chaque CD (place-toi dans un endroit aéré et protégé lorsque tu utilises la colle en bombe).

03

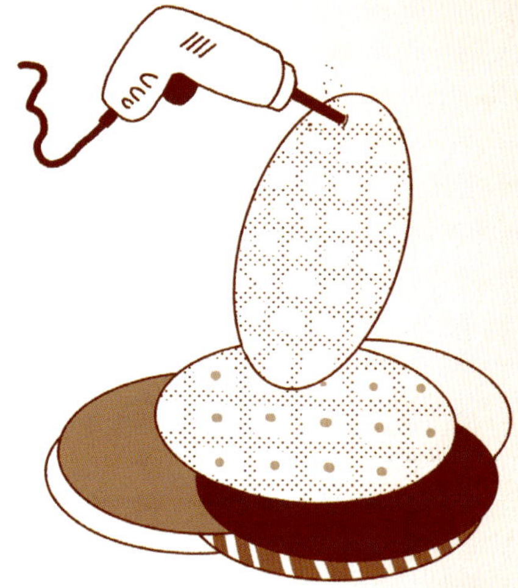

Demande à un adulte de percer les CD de ton album à l'aide d'une perceuse.

04

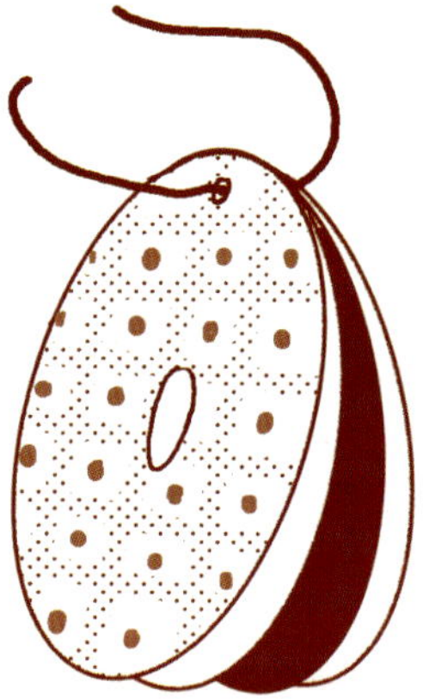

Assemble les CD avec un morceau de ruban, de lacet ou de joli tissu.

05

Customise ton album : personnalise chaque CD en collant des photos, des petits mots, des autographes...
Que c'est chouette de créer ses carnets d'anniversaire, d'amitié, ses albums de chanteurs ou sportifs préférés !

SAVONNETTES EN FÊTE

MATÉRIAUX

DIVERS

SAVONNETTES EN FÊTE

ASTUCE Conserve les paillettes de savon, utilise-les pour te laver les mains. Dans le bain, c'est divin !

IL TE FAUT

- des pains de savon pas trop secs
- 1 couteau à bout rond
- 1 brochette en bois

01

Choisis un modèle pour sculpter ton savon. Avec le bout pointu de la brochette, dessine sur le savon sans trop appuyer le motif que tu veux reproduire.

02

Avec le couteau, enlève grossièrement des bouts de savon autour du motif pour commencer à donner une forme à ton savon sculpté.

03

Quand tu es satisfait de la forme, racle délicatement le savon avec les dents du couteau pour l'affiner.

04

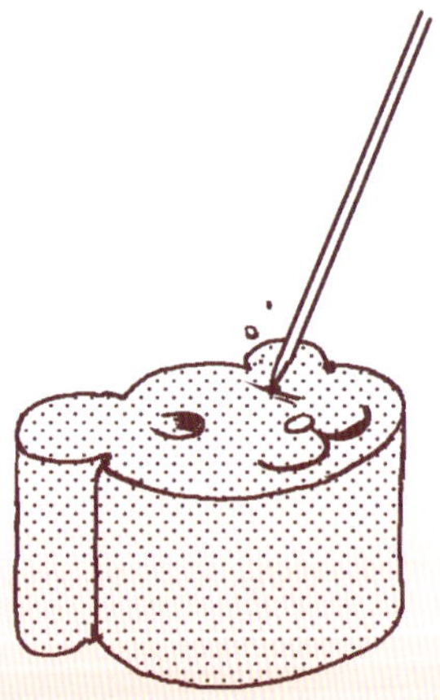

Avec le bout rond de la brochette, forme les yeux, la bouche ou d'autres détails.

05

Quand la forme du savon te satisfait, frotte-le un peu sous l'eau pour arrondir et lisser parfaitement l'ensemble.

À table !

TABLIER DÉCO

TABLIER DÉCO

ATTENTION Les pochoirs sont à la fin du livre.

IL TE FAUT

- 1 torchon usagé
- de la peinture pour tissu ou de la peinture acrylique
- les pochoirs à la fin du livre
- environ 1 m de ruban assorti au torchon
- des pinceaux
- 1 crayon à papier
- du ruban adhésif
- du fil et 1 aiguille

01

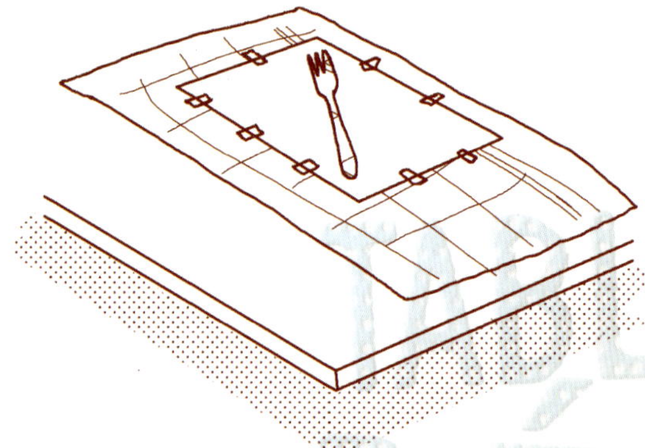

Pose ton torchon sur une table et fixe tes pochoirs dessus avec du ruban adhésif.

02

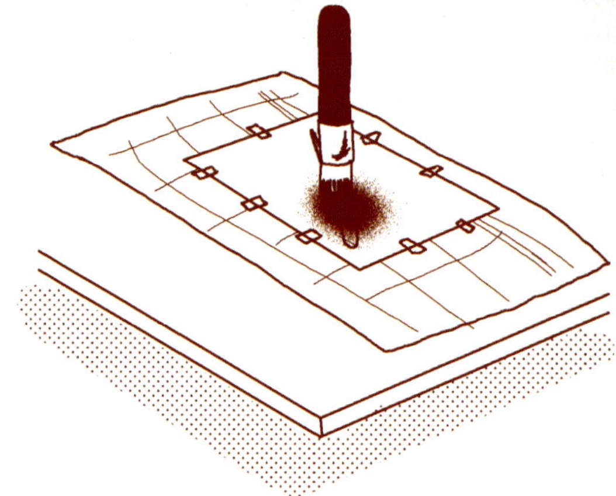

Peins tes motifs de différentes couleurs, puis laisse bien sécher.

03

Si tu n'utilises pas les pochoirs, fais tes dessins au crayon à papier puis peins-les.

04

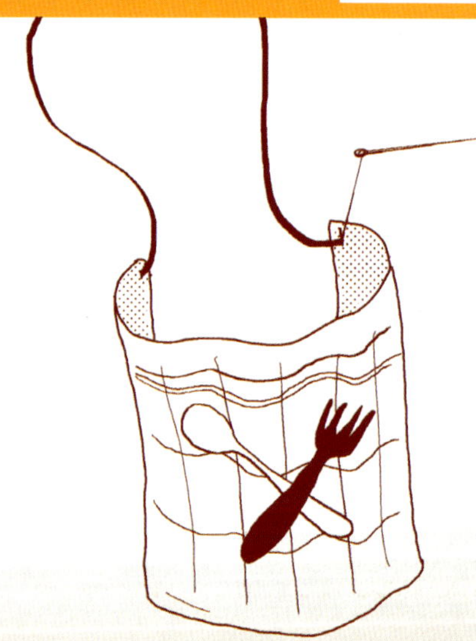

Coupe le ruban en deux moitiés. Couds chaque morceau aux extrémités du torchon. Enfile ton tablier et passe en cuisine !

LES BOÎTES À MALICE

LES BOÎTES À MALICE

INFO+ Ces petites boîtes à malice sont incroyables : elles mangent les vilains cauchemars ! Pour cela, il faut placer la boîte entrouverte sur sa table de nuit...

IL TE FAUT

- 2 grosses boîtes d'allumettes
- 1 boule de cotillon
- des chutes de papier et de tissu
- de la dentelle
- 1 bouchon de bouteille plastique
- des écrous, des vis
- 1 éponge métallique
- 1 lacet ou 1 cordelette noirs
- des feutres noir et rouge
- de la peinture et 1 pinceau
- de la colle
- des ciseaux

MODÈLE POUPON

01

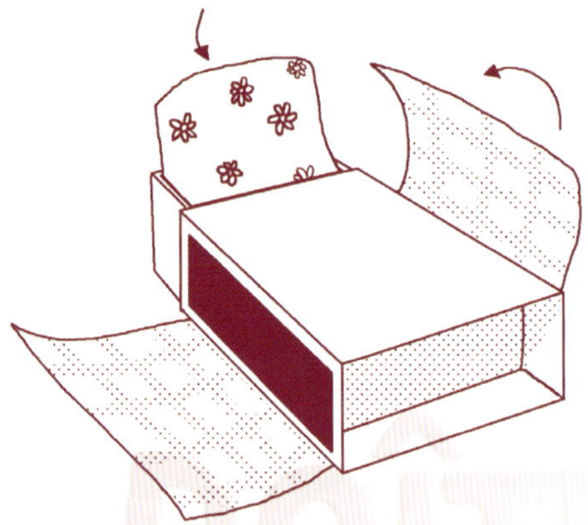

Décore une boîte d'allumettes en la recouvrant de papier imprimé. Dépose un morceau de tissu au fond de la boîte.

02

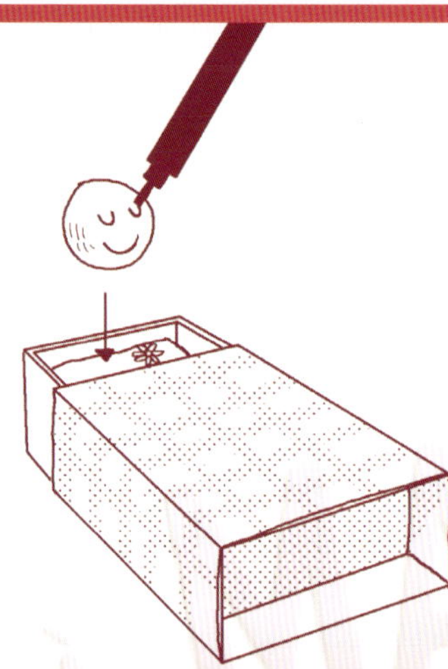

Colle une boule de cotillon que tu auras choisie en beige ou rose pour faire la peau, si elle est blanche tu peux la peindre. Puis décore-la au feutre pour faire le visage.

03

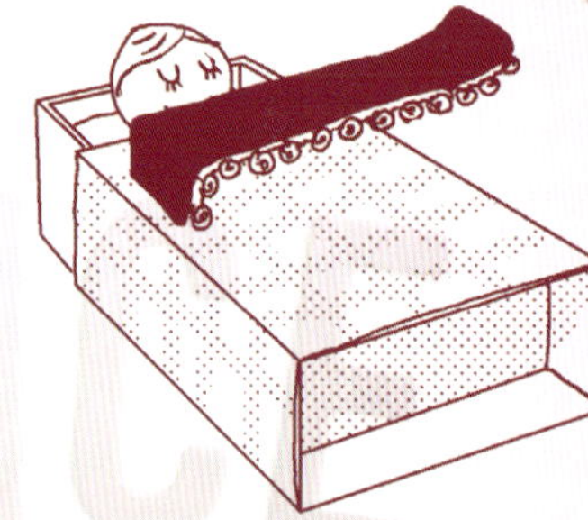

Recouvre d'un morceau de tissu pour faire un drap. Ajoute un peu de dentelle.

MODÈLE ROBOT

01

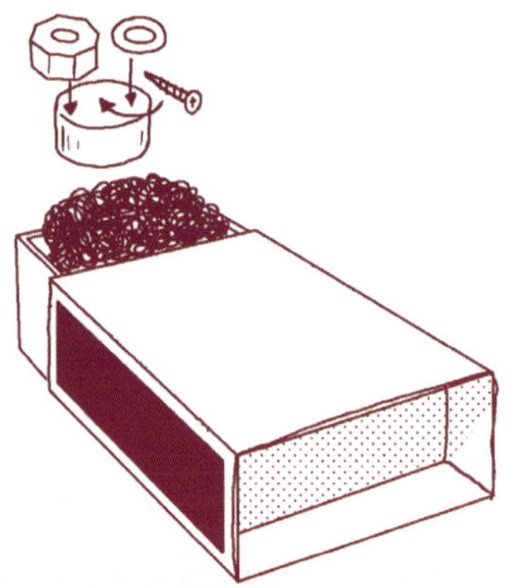

Même principe que le poupon, mais la tête est faite d'un bouchon où sont collés des écrous pour les yeux et une vis pour le nez. Le matelas est une éponge métallique.

02

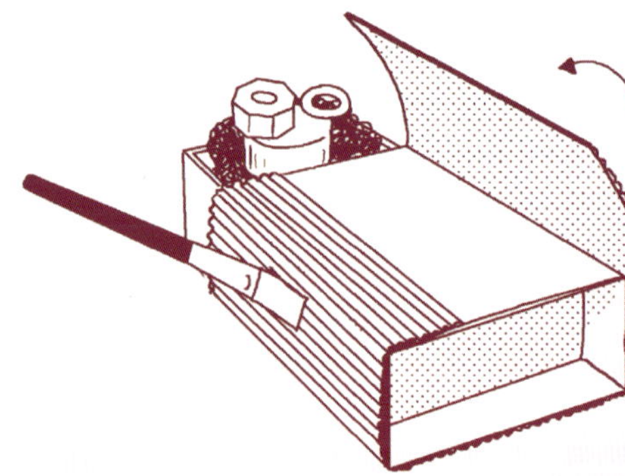

La boîte est recouverte d'un carton ondulé peint en argent et entourée d'une cordelette noire façon colis.

PARURE «PÂTES D'OR»

PARURE « PÂTES D'OR »

ASTUCE Si tu veux une parure plus colorée, tu peux peindre les pâtes : vert émeraude, rouge rubis, bleu saphir...

IL TE FAUT

- des pâtes (type pipe rigate, penne, farfalle, coquillette)
- du fil transparent élastique
- du ruban fin de couleur dorée
- des ciseaux
- 1 attache parisienne
- de la colle

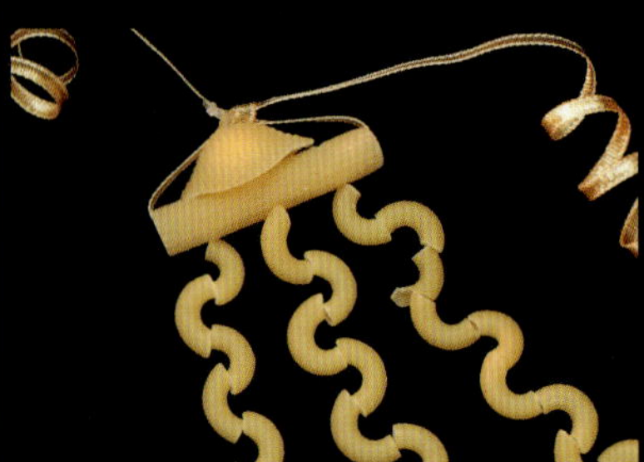

LE COLLIER

01

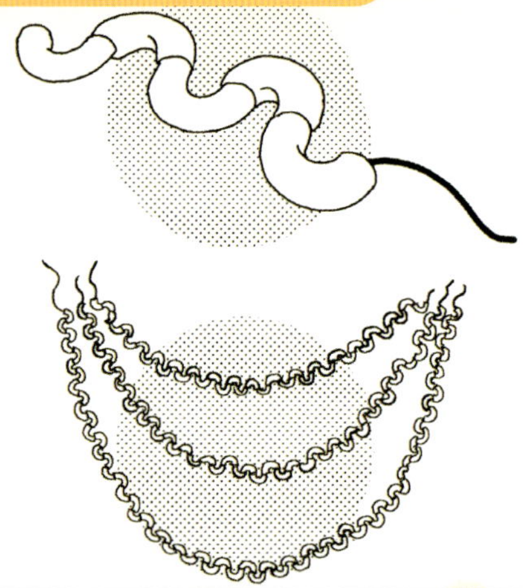

Enfile les pâtes : une à l'endroit, l'autre à l'envers et ainsi de suite. Fais trois colliers : un petit, un moyen et un grand.

02

Prends deux pâtes longues et droites (type penne) et demande à un adulte de percer trois trous sur la longueur. Enfile les extrémités des trois colliers dans chaque trou des pâtes longues et fais des nœuds.

03

Serre bien. Enfile le ruban dans chaque penne pour pouvoir nouer ensuite le collier autour de ton cou.

LE BRACELET

01

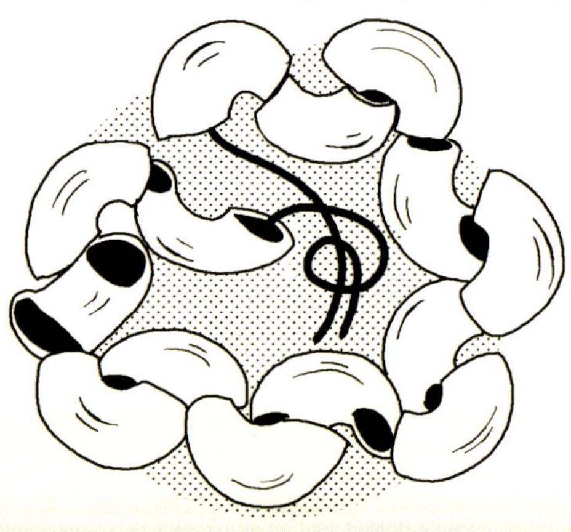

Enfile des pâtes et fais plusieurs nœuds pour terminer. Serre bien.

LA BAGUE

01

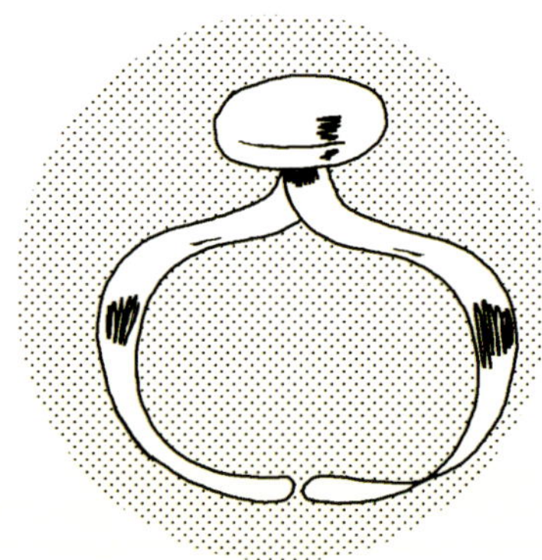

Tords une attache parisienne pour lui donner la forme d'un anneau.

02

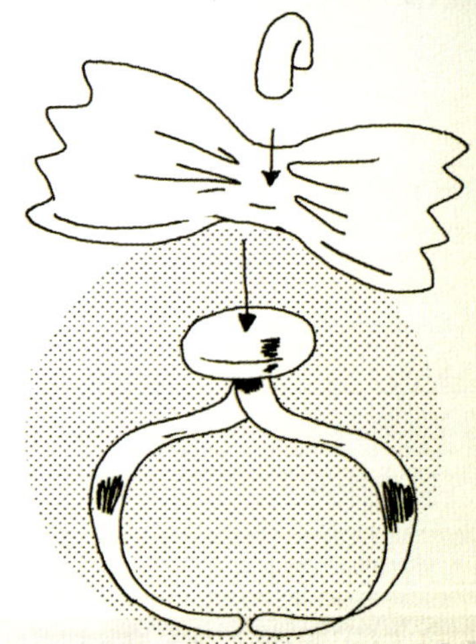

Colle une coquillette sur une jolie pâte type farfalle (en forme de papillon) puis colle l'ensemble sur l'attache parisienne.

GUIRLANDE DE FLEURS

MATÉRIAUX

GUIRLANDE DE FLEURS

ASTUCE En collant une mini-épingle de nourrice au dos de ta fleur, tu as une très jolie broche !

IL TE FAUT

- des boîtes d'œufs vides
- 1 jolie cordelette
- des ciseaux
- de la colle liquide
- de la peinture
- 1 pinceau

01

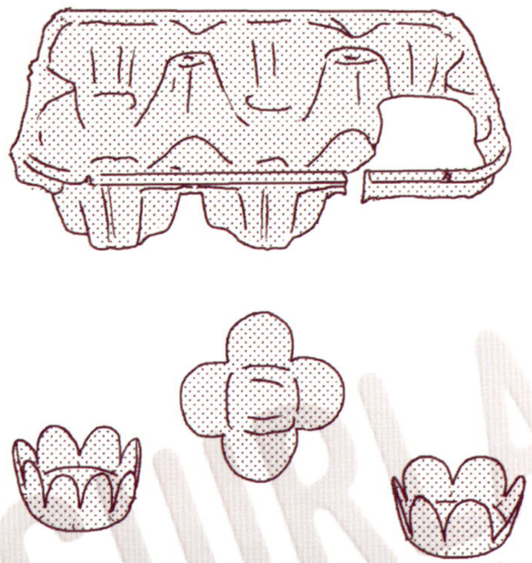

Découpe les alvéoles des boîtes d'œufs.
Découpe les bords pour former 4, 6 ou 8 pétales.
Arrondis les angles.

02

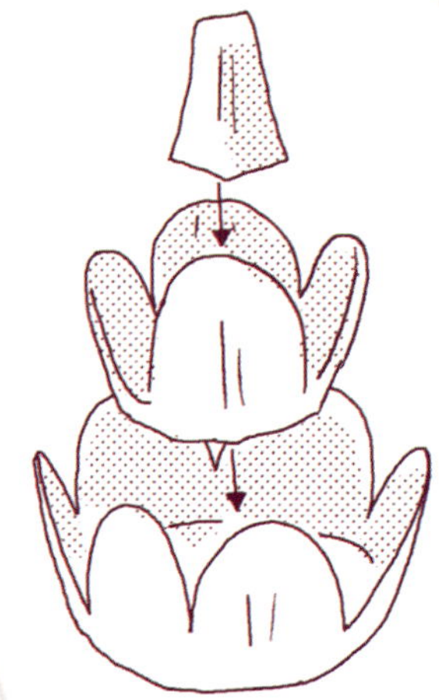

Superpose les formes et crée tes fleurs en collant les alvéoles les unes aux autres.
Colle les cônes restants de la boîte pour réaliser le cœur des fleurs.

03

Pour composer une guirlande, dispose tes fleurs sur une cordelette (ou un ruban) et maintiens-les en place avec une petite pointe de colle.

04

Tu peux trouver des boîtes d'œufs de différentes couleurs ou les peindre une fois qu'elles sont réalisées.
Dans les deux cas, le résultat est très joli !

KACHINA

KACHINA

IL TE FAUT

- du bois sec
- des bobines
- de la colle
- une chute de tissu
- un bâton de cannelle
- des rondelles de métal
- des cailloux
- des coquillages
- des plumes

01

Assemble tous les éléments entre eux, en les découpant si tu le souhaites pour former ta jolie figurine en bois.

02

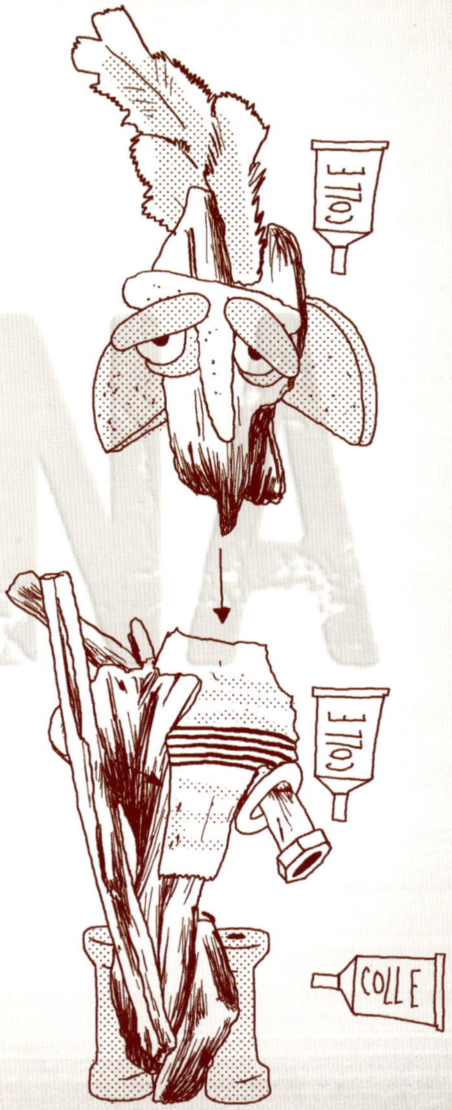

Colle l'ensemble des pièces entre elles. Bravo ! Tu as créé une magnifique poupée Kachina !

À LA BONNE HEURE !

MATÉRIAUX

À LA BONNE HEURE !

ASTUCE Tu peux coller à l'intérieur du bouchon de ton collier une photo ou un petit mot secret que personne ne verra !

IL TE FAUT

- de la cordelette de couleur
- des chutes de papier, de tissu, de ruban, de lacet…
- des bouchons en plastique
- des perles
- des attaches parisiennes
- de la colle
- des ciseaux
- 1 compas
- 1 grosse aiguille pointue
- 1 clou
- 1 cutter (attention, ça coupe !)

LE PENDENTIF

01

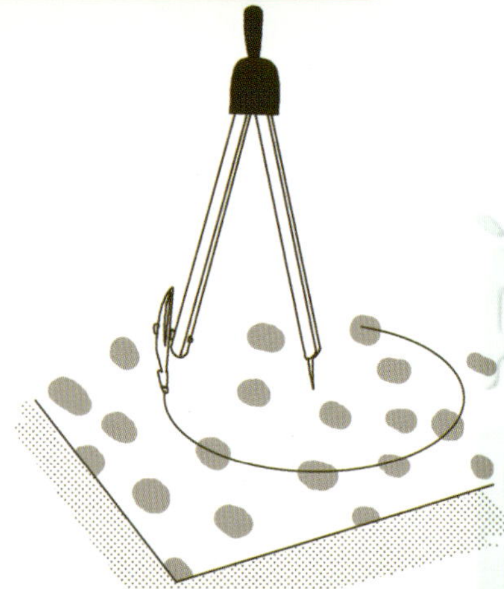

Sur du papier imprimé, trace au compas un cercle légèrement plus petit que la taille du bouchon.

02

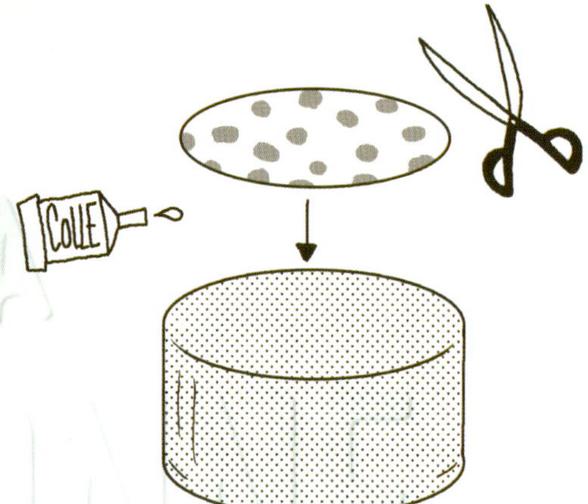

Découpe et colle le papier sur le bouchon.

03

Avec un adulte, perce à l'aide d'une aiguille pointue deux trous sur le côté du bouchon. Tu peux élargir les trous en y passant un clou. Enfile la cordelette, puis ajoute une perle, du ruban…

LA MONTRE

01

Avec un adulte, découpe au cutter le contour du bouchon pour réduire de moitié son épaisseur. Puis fais deux fentes sur les côtés du bouchon (haut et bas).

02

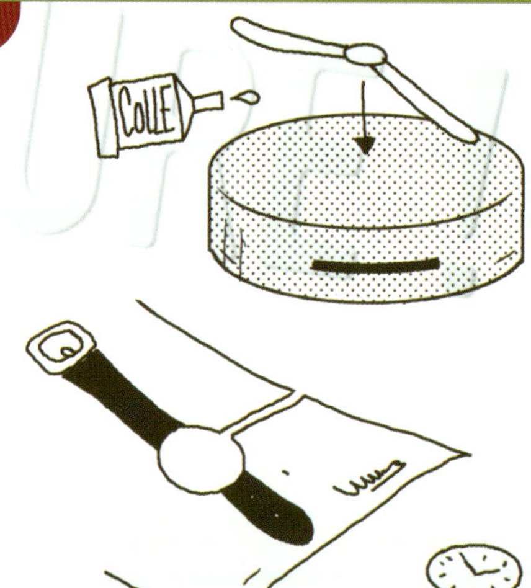

Colle au centre une attache parisienne pour simuler les aiguilles. Tu peux aussi coller une photo de montre trouvée dans un catalogue.

03

Écarte la fente avec la pointe de tes ciseaux et passes-y le ruban. Répète l'opération pour la deuxième fente. Ta montre est prête. Au fait, quelle heure est-il ?

ANDROÏDE DE BUREAU

Bidip !

Bip !

Blip !

Bup !

Bip !

Blop !

Blop !

Bip !

ANDROÏDE DE BUREAU

ASTUCE Pour une meilleure fixation des yeux, perce la boîte et les deux capsules. Fixe-les entre elles par des attaches parisiennes.

IL TE FAUT

- 5 boîtes de conserve vides : 1 grande, 1 moyenne, 3 petites
- des attaches parisiennes
- 2 capsules
- 1 petite cuillère en plastique colorée
- des écrous, des bouchons colorés, des clés, etc.
- 1 marteau et 1 clou
- des ciseaux pointus
- de la colle forte

01

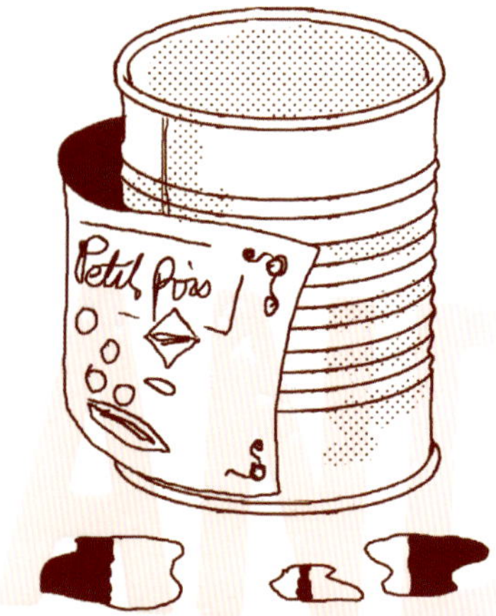

Trempe les boîtes de conserve dans de l'eau chaude, puis détache les étiquettes.

02

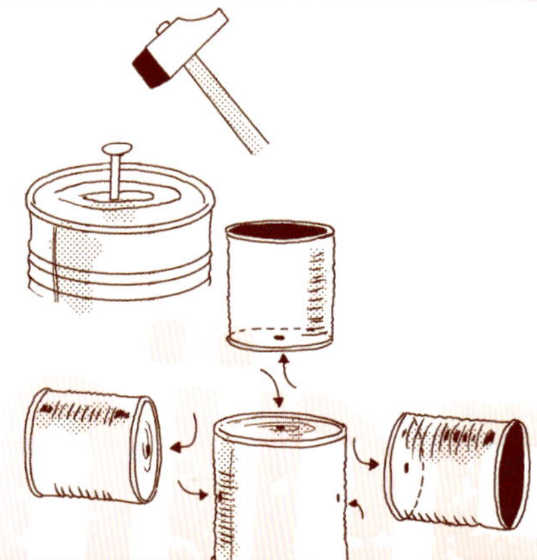

Demande à un adulte de percer les boîtes : il faut faire un trou au fond et au milieu de chaque petite boîte. Puis il faut percer la grosse boîte, qui sera le corps du robot : un trou dans le fond pour fixer la tête, un trou de chaque côté pour attacher les bras.

03

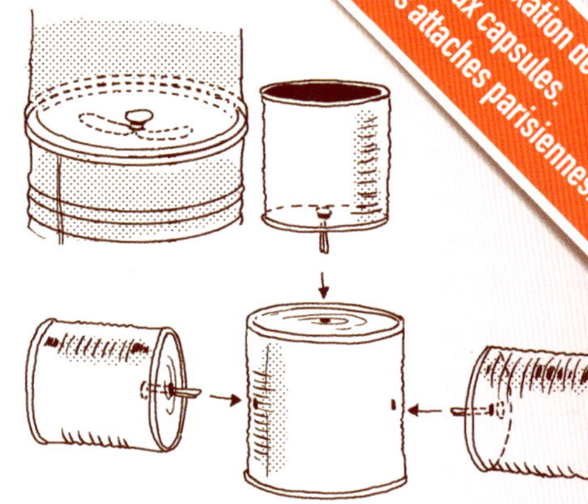

Fixe les boîtes entre elles par des attaches parisiennes.

04

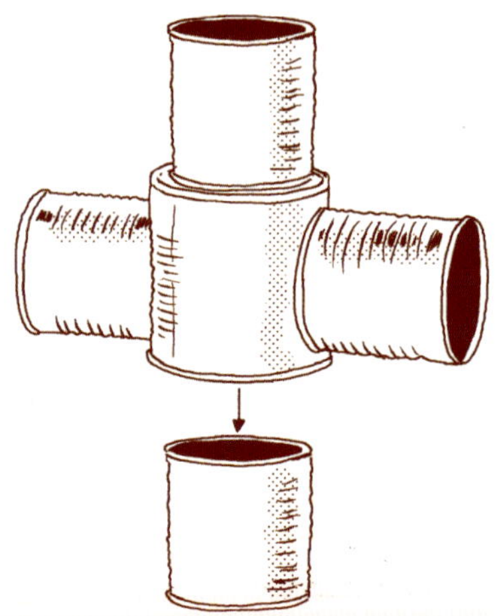

Enfile le robot dans la dernière boîte, qui lui servira de socle.

05

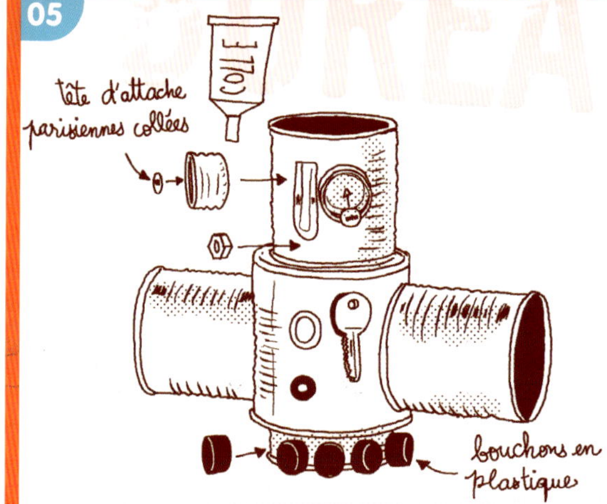

Colle les deux capsules pour les yeux et le manche de la cuillère pour faire le nez. Décore le robot en collant dessus des écrous, bouchons, etc.

06

Tu n'as plus qu'à remplir le pot du dessus avec tes crayons : il est fantastique, cet androïde !

MOBILIER RELOOKÉ

MATÉRIAUX

MOBILIER RELOOKÉ

IL TE FAUT

- 1 vieille table, 1 chaise ou 1 tabouret récupérés
- de la gouache et de la peinture acrylique
- du papier de verre, du vernis (facultatif)

01

Tu peux demander à un adulte de poncer le meuble avec du papier de verre, mais ce n'est pas obligatoire.

02

Passe une couche de peinture unie de la couleur que tu veux (celle qui sera en fond). Laisse sécher.

03

Repasse une deuxième couche de peinture, puis, si la couleur n'est pas assez éclatante, une troisième. Laisse bien sécher.

04

Amuse-toi à peindre toutes sortes de motifs ou de dessins pour décorer ton meuble en suivant ton imagination.

05

Si tu le souhaites, tu peux vernir ton meuble pour protéger la peinture.

DOUDOUS ÉPONGES

DOUDOUS ÉPONGES

IL TE FAUT

- des éponges épaisses
- des éponges plates
- des boutons colorés
- du fil épais
- 1 aiguille à coudre
- des ciseaux

01

Découpe les éponges pour leur donner la forme que tu désires, crée des têtes rigolotes comme les modèles.

02

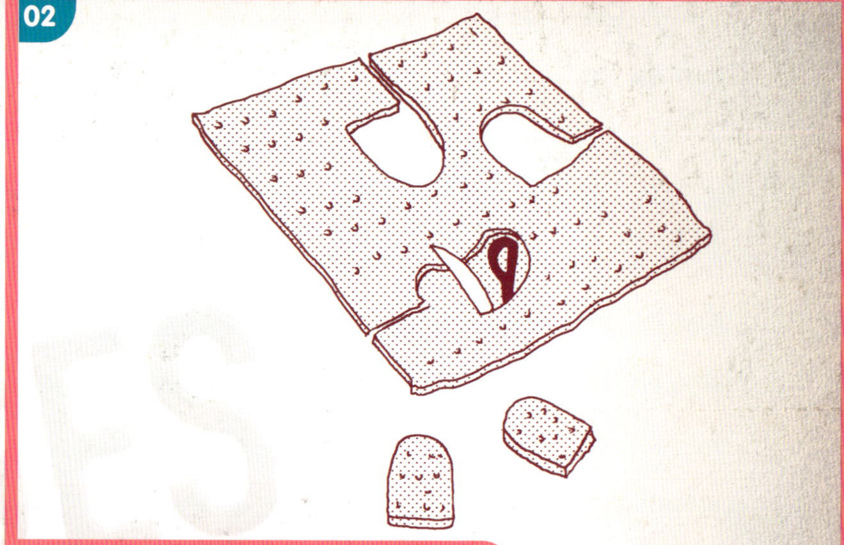

Découpe des oreilles, des bouches, des nez dans les éponges plates.

03

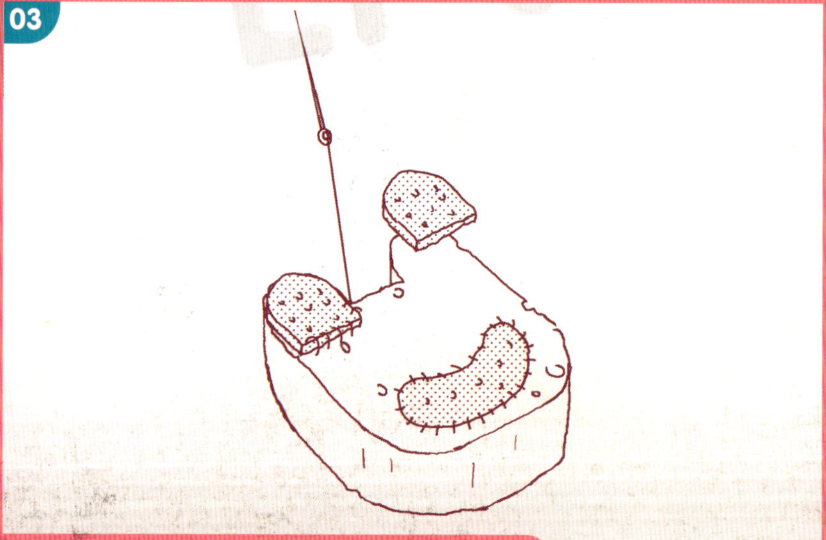

Pose ces éléments sur chaque éponge et couds à gros points pour les fixer.

04

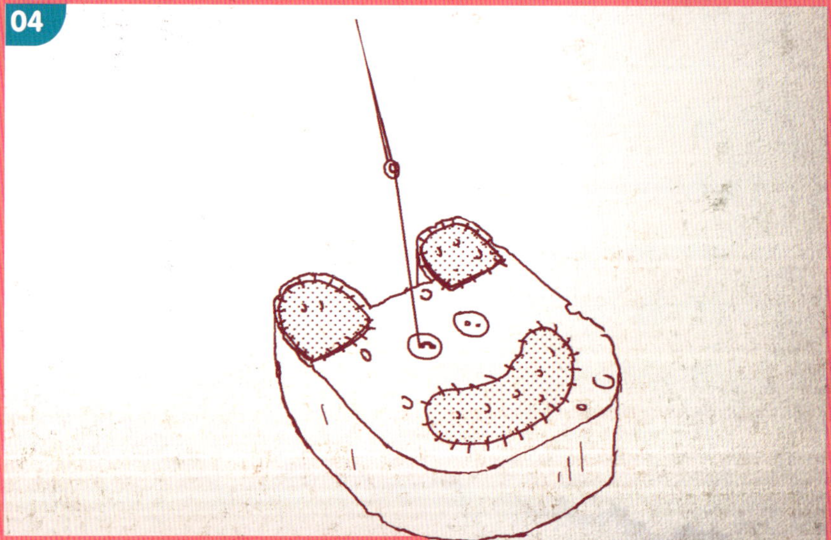

Couds les boutons pour faire les yeux. Qu'ils sont choux, ces doudous !

LES JOLIS PHOTOPHORES

LES JOLIS PHOTOPHORES

IL TE FAUT

- du papier calque
- des pots de yaourt en verre vides
- des bougies chauffe-plats
- 1 grosse et 1 petite aiguille à coudre
- 1 torchon
- de la colle
- des ciseaux
- 1 crayon à papier, 1 gomme

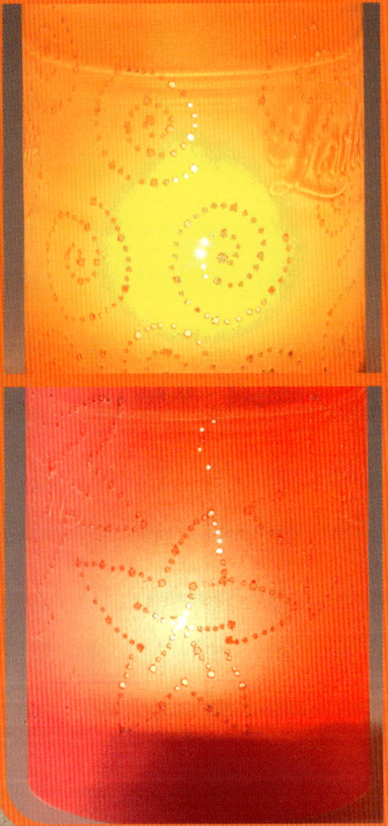

01

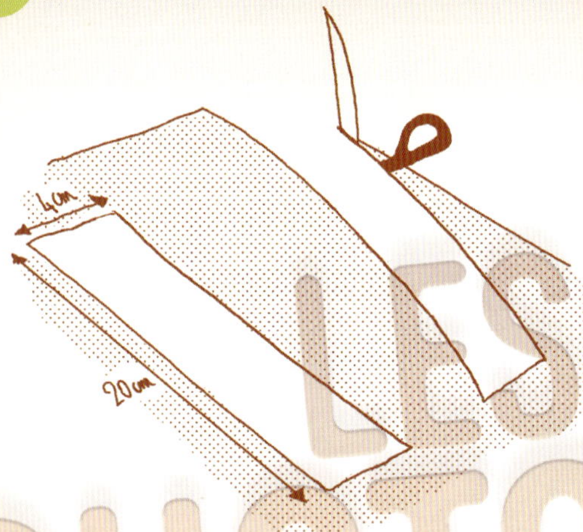

Découpe des bandes de papier calque de 4 cm x 20 pour entourer complètement les pots en verre.

02

Pose la bande de calque sur un motif ou dessin que tu as choisi dans un livre et, avec le crayon à papier, dessine-le en transparence.

03

Pose la bande de calque sur un torchon plié en six et avec l'aiguille perce des trous tout le long des motifs. Utilise les deux aiguilles pour alterner petits et gros trous. Puis gomme le tracé au crayon à papier.

04

Quand c'est terminé, ferme la bande en anneau et colle-la. Place-la autour du pot.

05

Mets une bougie dans le pot en verre. Si tu souhaites l'allumer enlève le calque au préalable. Ambiance tamisée !

DES MITAINES TOUTES MIMI !

DES MITAINES TOUTES MIMI

IL TE FAUT

- 1 vieux pull, sweat-shirt ou tee-shirt à manches longues
- 1 aiguille à coudre
- du fil
- 20 cm de ruban

01

Coupe les manches du pull à 20 cm du bas.

02

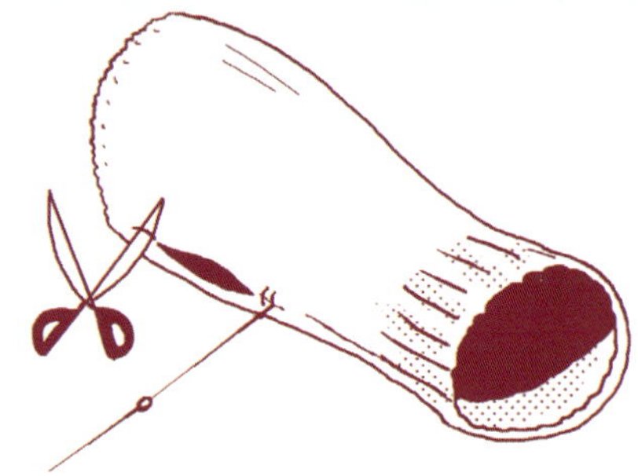

Avec la pointe des ciseaux, découds la couture sur 3 cm à l'endroit où tu glisseras ton pouce. Si nécessaire, consolide-la avec quelques points.

03

Pour réaliser la fleur, coupe deux bandes de 20 x 6 cm dans le pull. Plie-les en 2 dans le sens de la longueur.

04

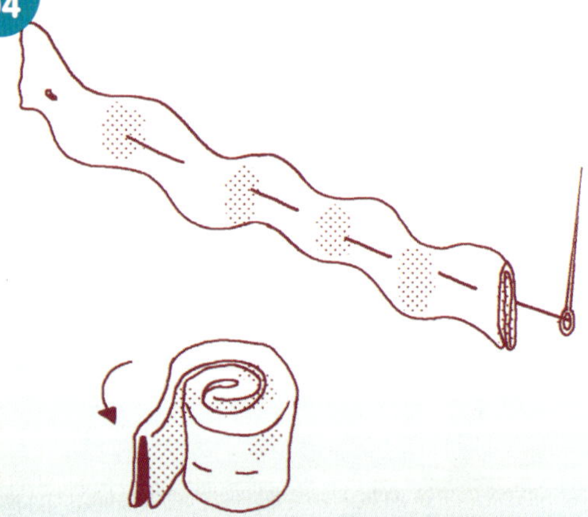

Couds un fil dans les deux épaisseurs puis tire le fil pour froncer la bande.
Noue de chaque côté.
Enroule et couds la bande sur elle-même.
Répète l'opération.

05

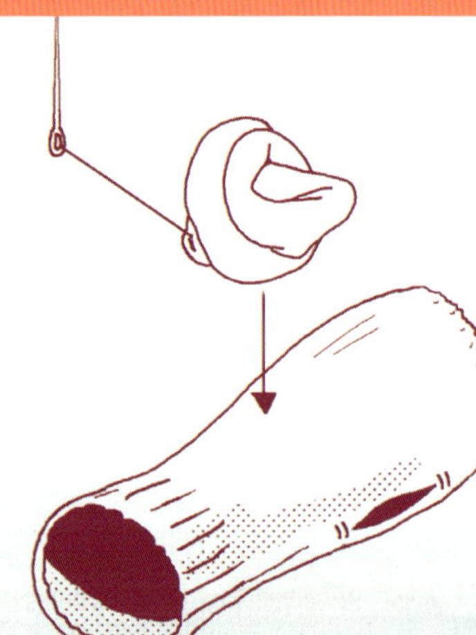

Avec l'aiguille, assemble les deux bandes enroulées pour former la fleur.
Couds une fleur sur le poignet de chaque mitaine.

06

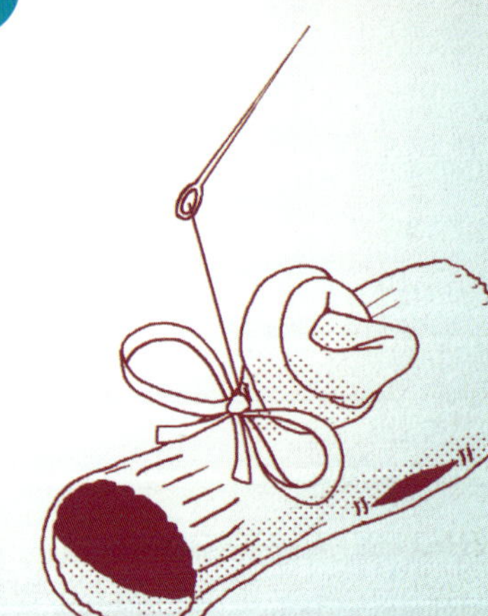

Pour les feuilles, plie le ruban comme pour un lacet. Couds ensemble les deux petites boucles avant de les fixer sous la fleur.

TIRELIRES DÉLIRES

Bientôt milliardaire !

MATÉRIAUX

- PLASTIQUE
- CARTON

TIRELIRES DÉLIRES

IL TE FAUT

- 2 petites bouteilles de lait ou de yaourt à boire vides
- 1 boîte de camembert vide
- des bouchons (liège, métal)
- 1 éponge
- du joli papier
- de la colle forte
- 1 cutter ou couteau (attention, ça coupe !)
- des ciseaux pointus
- de la peinture acrylique et des pinceaux

01

Demande à un adulte de faire des fentes dans chaque bouteille, au niveau des oreilles pour l'une et du nez pour l'autre. Pour la boîte de camembert, il faut faire une fente de 6 cm.

02

Peins tes personnages sur chacune des bouteilles et colle de jolis papiers pour leur faire des vêtements, puis décore la boîte de camembert avec de beaux motifs. Laisse sécher.

03

Colle sur le sommet du couvercle de chaque bouteille un demi-bouchon qu'un adulte aura coupé au cutter pour toi. Puis, par-dessus un des bouchons, colle un morceau d'éponge, pour faire le pompon du chapeau.

04

Colle l'un des personnages sur la boîte de camembert.

05

Glisse tes économies dans tes tirelires : les pièces dans le bonhomme et, si tu es riche, les billets dans la boîte !

PORTE-CLÉS FANTAISIE

PORTE-CLÉS FANTAISIE

IL TE FAUT

- 1 anneau et 1 attache de porte-clés
- des boutons de toutes tailles et couleurs
- des morceaux de ruban et de cordelette
- des petits et des gros pompons
- des perles de rocaille
- des breloques
- du fil de nylon
- des ciseaux
- du fil et 1 aiguille

01

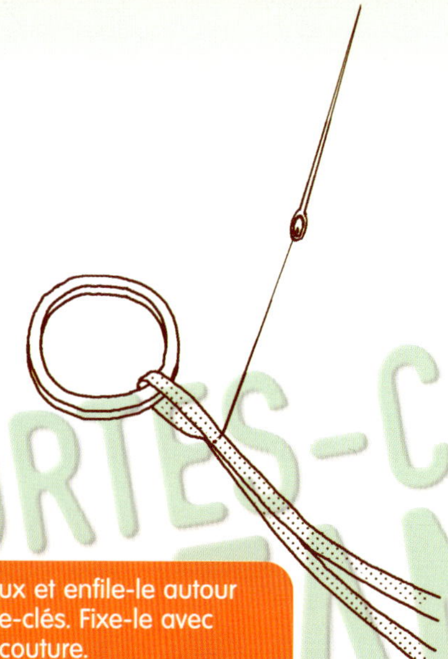

Plie un ruban en deux et enfile-le autour de l'anneau du porte-clés. Fixe-le avec quelques points de couture.

02

Accroche les breloques.

03

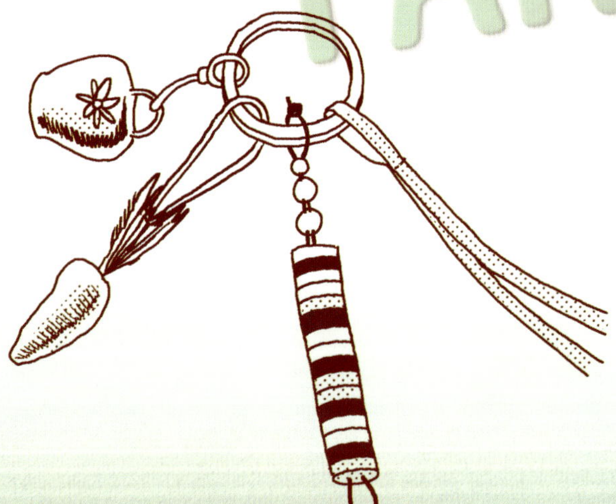

Enfile des boutons et des perles sur une cordelette. Puis noue-la sur l'anneau.

04

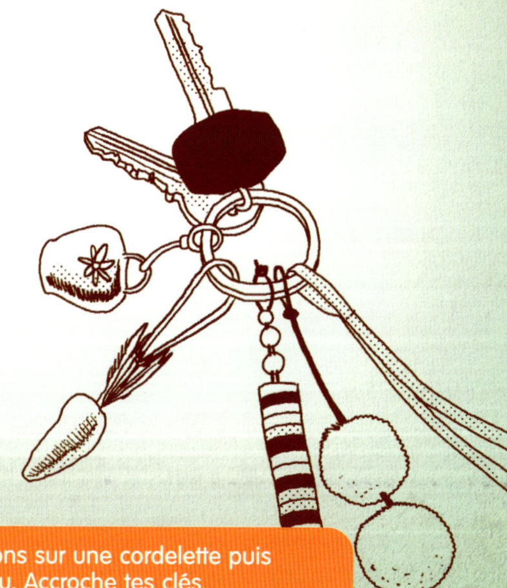

Couds des pompons sur une cordelette puis fixe-la sur l'anneau. Accroche tes clés.

LA FANFARE DU DÉBROUILLARD

MATÉRIAUX

MÉTAL

CARTON

BOUM - BAM - BAM - WAP DOU BI DOU WA ! GLING GLING ! DING DING DONG !

LA FANFARE DU DÉBROUILLARD

IL TE FAUT

- 3 boîtes de conserve vides de différentes tailles
- 2 bâtons fins
- 2 bouchons en liège et 1 capsule (champagne ou cidre)
- de la ficelle
- des ciseaux pointus
- 1 marteau et 1 clou
- 1 boîte de camembert vide
- des perles en plastique ou en bois
- 1 cutter (attention, ça coupe !)
- de la colle
- de la peinture et un pinceau

TAM-TAM URBAIN

01

Après avoir nettoyé tes boîtes, demande à un adulte de percer deux trous de part en part de chaque boîte.

02

Passe un morceau de ficelle dans les trous pour relier les boîtes entre elles, puis fais un nœud à chaque extrémité.

03

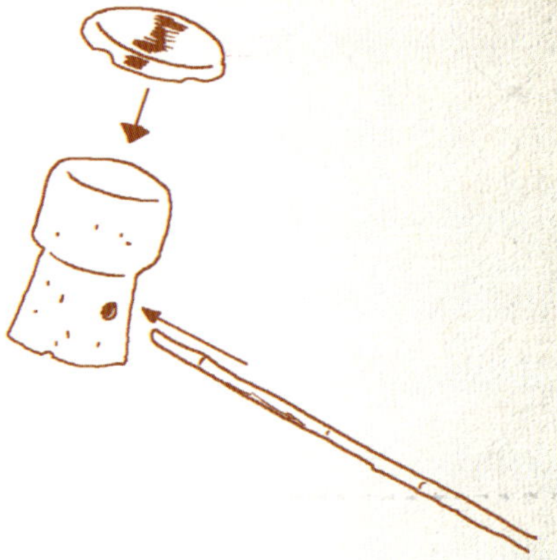

Perce un trou dans le bouchon pour y introduire un bâton.
Colle la capsule sur le bouchon.

TAMBOURIN LOUFOQUE

01

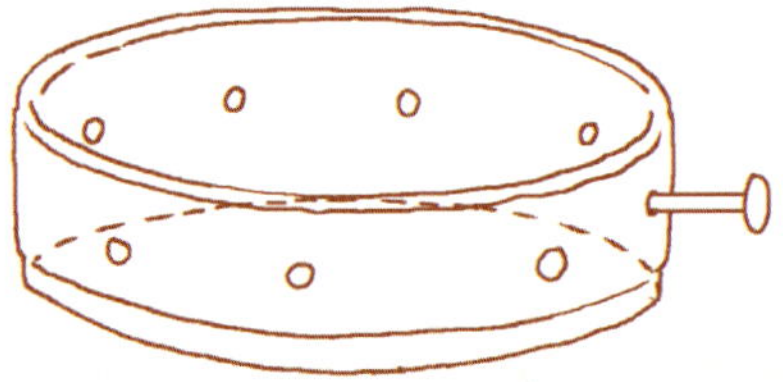

Avec un adulte, perce la boîte de camembert : fais un gros trou pour introduire le bâton, puis des petits trous tout autour de la boîte, espacés de 5 cm.

02

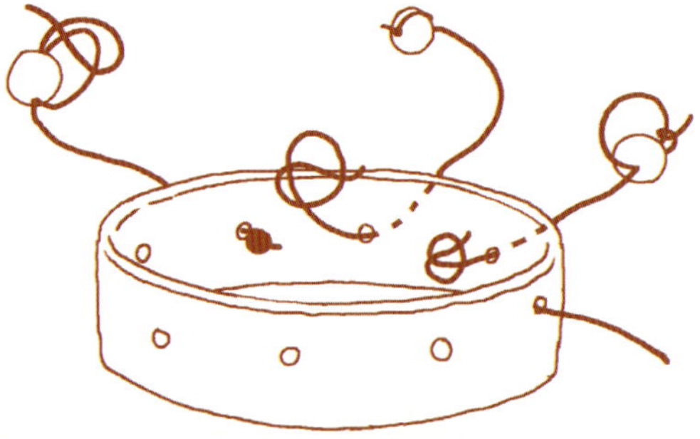

Enfile des perles sur des morceaux de ficelle d'environ 15 cm.
Glisse les ficelles dans les trous de la boîte et noue-les à l'intérieur.

03

Glisse le bâton dans la boîte. Insère et colle dessus un morceau de bouchon découpé.
Fixe les deux parties de la boîte avec quelques points de colle.
Décore le tambourin avec de la peinture.
En avant la musique !

SCULPTURES NATURE

MATÉRIAUX

- COQUILLAGES
- MÉTAL
- BOIS

SCULPTURES NATURE

IL TE FAUT

- des bobines
- des morceaux de bois
- des coquillages
- des écrous
- des rondelles de métal
- des morceaux de corail
- des plantes séchées
- des cailloux
- de la colle forte

01

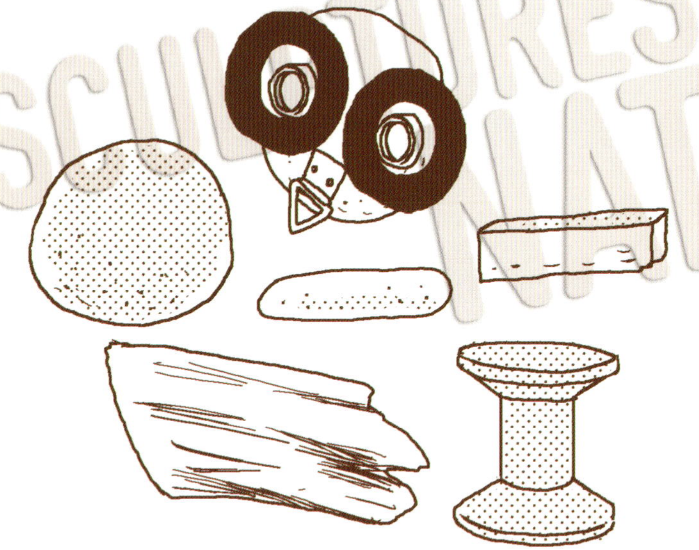

Amuse-toi à former des bonshommes ou des animaux avec tous les éléments naturels dont tu disposes.

02

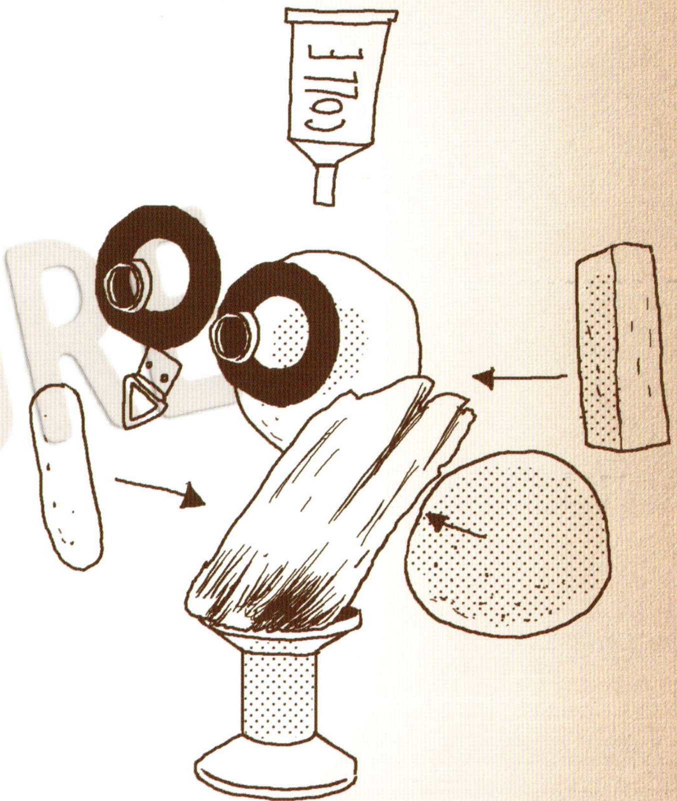

Lorsque tu es sûr de ton choix, colle les éléments entre eux puis colle ta création sur une bobine ou un autre support en bois.

LE PLASTIQUE C'EST CHIC !

LE PLASTIQUE C'EST CHIC !

IL TE FAUT

- des bouteilles en plastique de différentes couleurs
- 1 cutter (attention, ça coupe !)
- des ciseaux
- 1 feutre indélébile

01

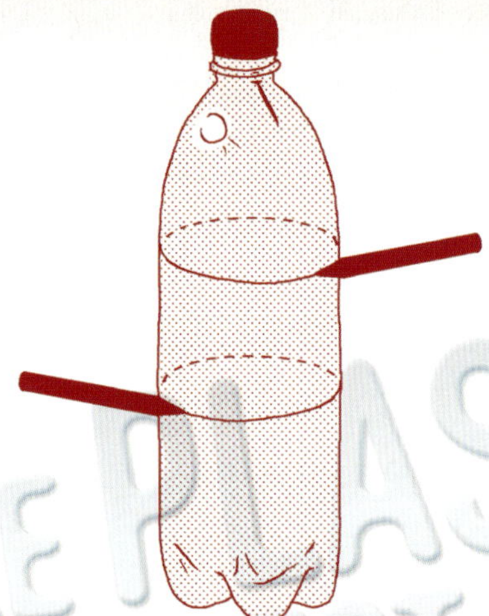

Choisis le modèle que tu souhaites réaliser et trace sur la bouteille les parties que tu dois enlever.

02

Avec l'aide d'un adulte, coupe la bouteille au cutter (découpe légèrement sous le trait pour qu'il n'y ait pas de trace de feutre) et conserve les parties que tu vas utiliser.

03

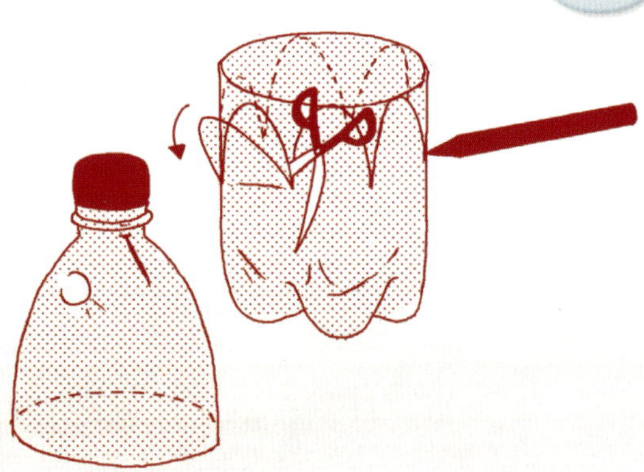

Dessine les pétales des fleurs avec le crayon.
Découpe-les avec des ciseaux.
Plie-les ensuite pour leur donner une belle forme.

04

Voilà ta jolie création ! Tu peux t'en servir comme d'une boîte ou d'un vide-poche. Tu peux également l'utiliser comme un petit vase. Il suffit de mettre de l'eau et d'enlever le bouchon !

COLLECTION DE POUPONS

MATÉRIAUX

COLLECTION DE POUPONS

IL TE FAUT

- des tubes de peinture usagés (secs)
- des chutes de tissu
- des ciseaux
- du fil et 1 aiguille
- des boutons
- des feutres (noir indélébile, rose…)
- de la peinture rose
- de la colle forte

01

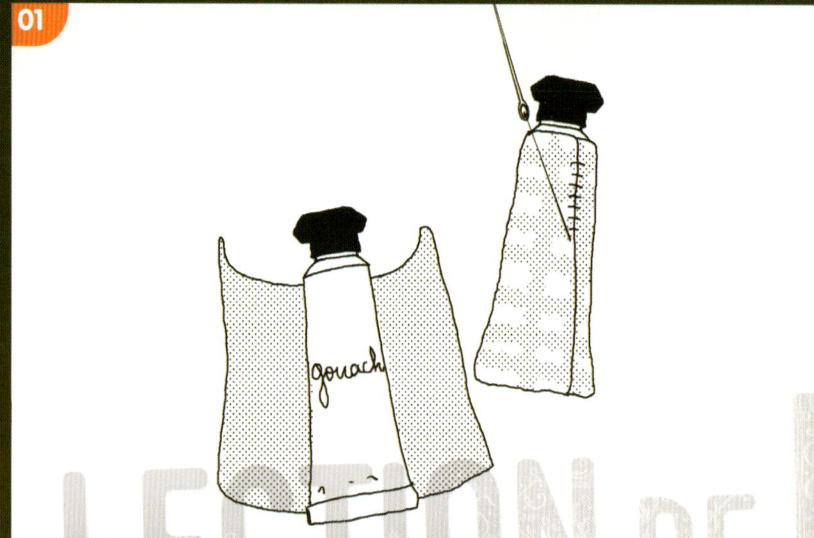

Choisis de jolis tissus. Recouvre chaque tube d'un morceau d'étoffe et couds à gros points.

02

Dessine un visage sur chaque bouton. (Prends un feutre indélébile pour faire les yeux et la bouche.
Pour les joues, tu peux utiliser soit un feutre, soit de la peinture.)
Puis colle le visage sur le bouchon du tube.
Tu peux également recouvrir les boutons de tissu.

03

Une fois tes poupons prêts, colle-les dans un couvercle de boîte pour composer un tableau très original. Décore ta boîte.

04

Si tu veux porter ta création sous forme de broche, couds à l'arrière du tube une petite épingle de nourrice.

TRÉSORS DE LA MER

TRÉSORS DE LA MER

ASTUCE Expose tes galets sur une étagère comme souvenirs de tes vacances à la mer.

IL TE FAUT

- des galets, des morceaux de bois flotté, des coquillages
- 1 flotteur de canne à pêche
- de la ficelle
- 1 morceau de carton
- de la colle forte
- de la pâte à fixe ou de la pâte à modeler
- de la peinture acrylique
- des pinceaux
- 1 marteau et 1 clou
- des ciseaux

LES COLLIERS

01

Récupère de jolis galets ou morceaux de bois flotté troués. Essaie de trouver des formes originales.

02

Peins les galets de plusieurs couleurs et motifs. Colle dessus un joli coquillage (s'il est creux, remplis-le de pâte à fixe ou de pâte à modeler, il se fixera mieux sur le galet).

03

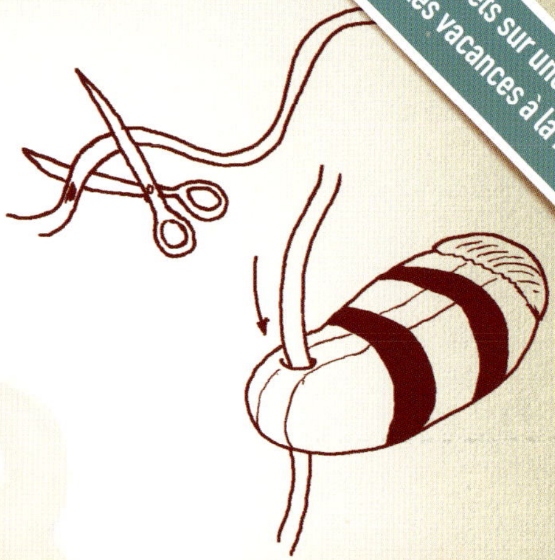

Coupe un morceau de ficelle (tu peux aussi utiliser un joli ruban) et passe-le dans le trou du galet.

LE BATEAU

01

Choisis un morceau de bois flotté qui a la forme d'une coque. Demande à un adulte de le percer avec un marteau et un clou (il faut prévoir un trou par mât).

02

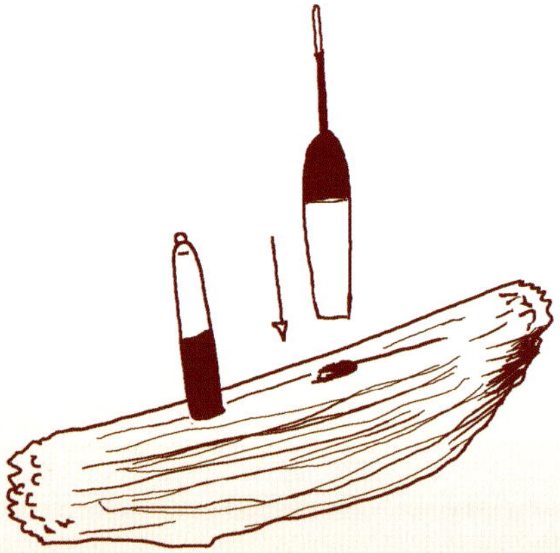

Insère et colle dans les trous le flotteur de canne à pêche coupé en deux morceaux (demande à un adulte de le faire pour toi).

LES GALETS

01

Amuse-toi à décorer et peindre tes galets.

SOUCOUPES VOLANTES

fusées, ovnis et autres martiens !

SOUCOUPES VOLANTES

ASTUCE Utilise au maximum les attaches parisiennes pour fixer les éléments, car, avec de la colle, c'est plus fragile !

IL TE FAUT

- des pots et des flacons vides : crème fraîche, cotons-tiges, etc.
- des capsules
- différents bouchons en liège
- des cure-dents
- du papier et 1 barquette d'aluminium
- 1 pot de yaourt
- des bouchons en plastique de différentes formes
- 1 marteau et 1 clou
- des attaches parisiennes
- des ciseaux pointus
- de la colle forte
- du fil de fer
- de la peinture et 1 pinceau

LES MARTIENS 01

Pour décorer les martiens : peins les bouchons et les cure-dents en vert, dessine les visages.

02

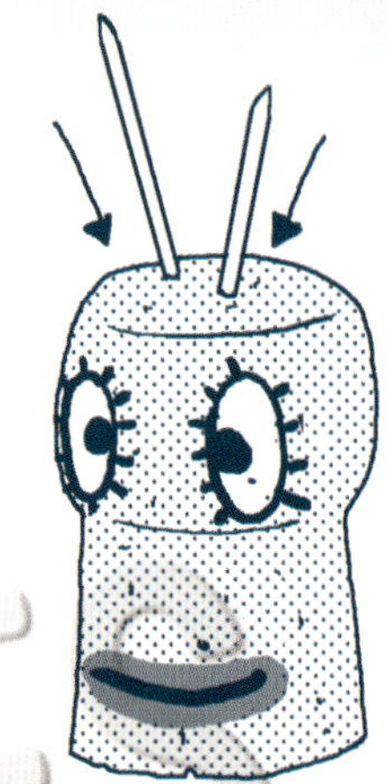

Plante les cure-dents dans les bouchons pour former les antennes.

LES SOUCOUPES VOLANTES 01

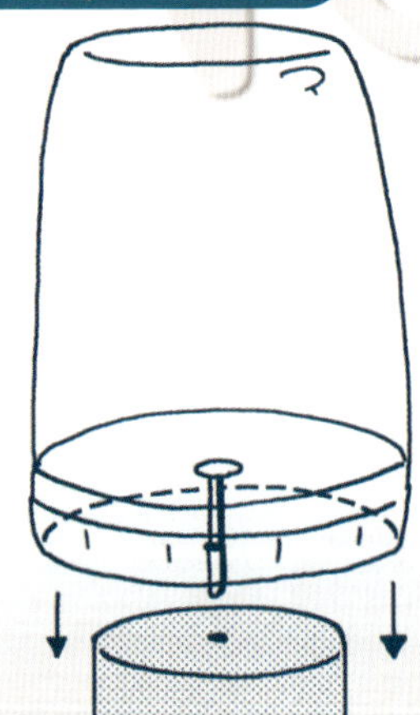

Pour construire les fusées, inspire-toi de la photo : demande à un adulte de percer un gros et un petit pot (ou un gros bouchon en plastique). Puis fixe-les ensemble avec une attache parisienne. Le plus petit des pots sert de socle.

02

Décore tes fusées et soucoupes volantes en y collant bouchons, ressorts, codes barres, grelots, perles... Ambiance intergalactique assurée !

DOUDOU-LAPINOU

DOUDOU-LAPINOU

IL TE FAUT

- des chutes de tissu épais (polaire…)
- du fil et 1 aiguille
- 2 boutons
- du fil à broder
- 1 petit morceau de feutrine
- des ciseaux
- du joli papier imprimé et uni
- 1 crayon blanc
- 1 agrafeuse
- de la colle

01

Découpe des morceaux de tissu.
Pour le corps, un morceau de 24 x 6 cm.
Pour la tête, un morceau de 14 x 3,5 cm.
Pour les pattes, 4 morceaux de 12 x 8 cm.
Pour les oreilles, 2 morceaux de 8 x 6 cm.

02

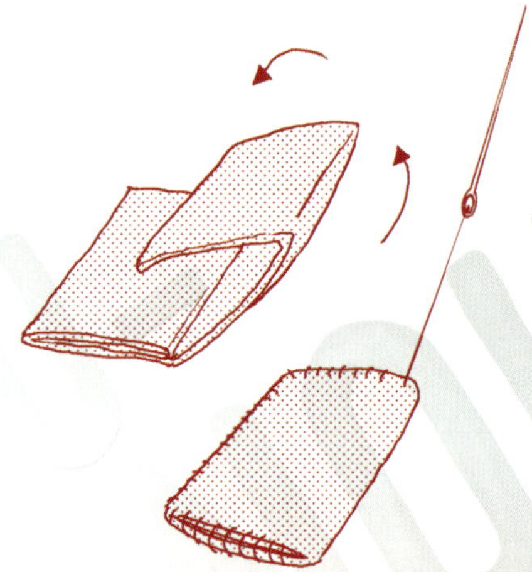

Pour le corps du lapinou : rabats les 2 extrémités au milieu du tissu. Puis replie le tissu afin que les deux morceaux se superposent. Couds trois des bords avec du fil et une aiguille.

03

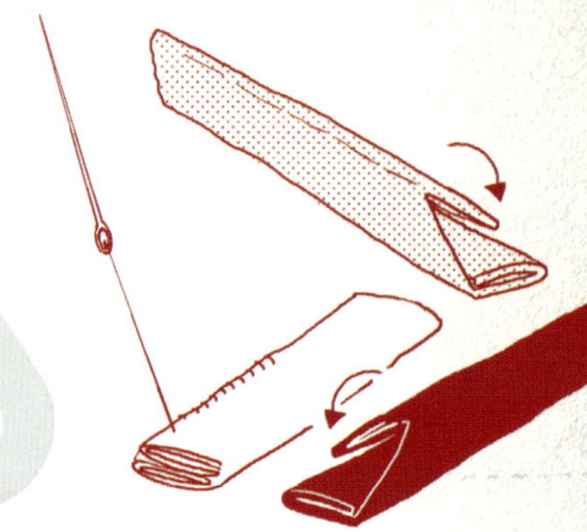

Pour la tête, les pattes et les oreilles : répète l'opération précédente. Tu peux faire une oreille plus courte que l'autre !

04

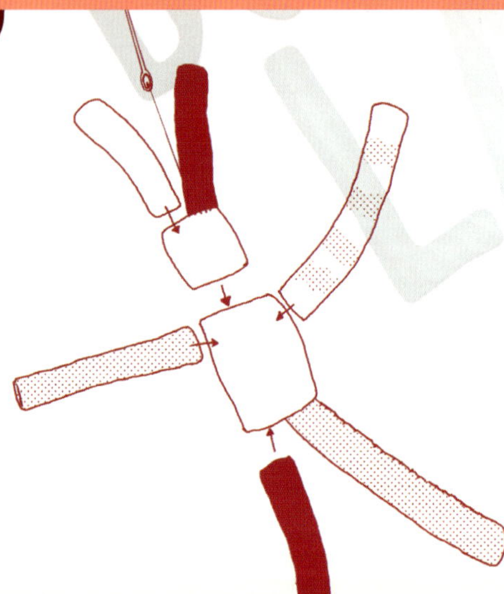

Assemble toutes ces parties et couds-les pour former ton lapinou.

05

Couds deux boutons pour les yeux et brode un nez et une bouche. Découpe un cœur dans la feutrine et couds-le sur le corps du doudou.

POCHETTE-CADEAU

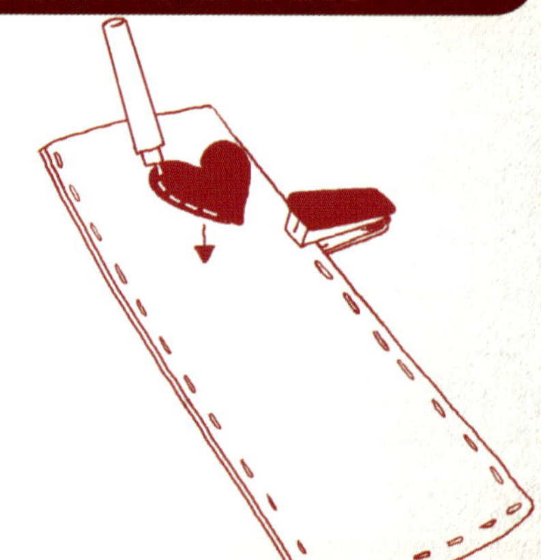

Découpe 2 bandes de papier de 30 x 12 cm.
Assemble-les avec des agrafes sur 3 côtés.
Découpe un cœur dans du papier uni.
Avec un feutre blanc, dessine le tour du cœur en pointillé. Colle-le sur la pochette.

PENSE-PAS-BÊTES

MATÉRIAUX

PENSE-PAS-BÊTES

ASTUCE Glisse dans les petites boîtes des craies et des mini-stylos.

IL TE FAUT

- ✖ 2 boîtes de chocolat en poudre
- ✖ 1 morceau de carton
- ✖ 1 ardoise cassée
- ✖ des feuilles découpées et agrafées entre elles
- ✖ 2 brochettes en bois
- ✖ 1 œuf en plastique type Kinder
- ✖ 1 parapluie en papier
- ✖ 1 grosse et 1 petite boîte d'allumettes
- ✖ de jolis papiers
- ✖ 1 petit morceau d'éponge
- ✖ de la peinture acrylique et des pinceaux
- ✖ des attaches parisiennes
- ✖ des ciseaux pointus
- ✖ 1 marteau et 1 clou

01

Dessine, peins puis découpe le personnage sur le carton.

02

Demande à un adulte de percer la boîte en plastique. Il faut faire deux trous pour introduire les brochettes en bois.

03

Peins et décore les brochettes. Introduis une moitié d'œuf en plastique (percé par un adulte). Remplis cet œuf d'une fleur en carton ou d'un morceau d'éponge, comme sur les photos.

04

Colle sur ton personnage soit un morceau d'ardoise, soit un carnet que tu auras fabriqué (petites feuilles agrafées entre elles).

05

Décore la boîte d'allumettes, puis colle dessus un morceau d'ardoise ou un joli papier.

06

Colle la boîte d'allumettes sur la boîte en plastique. Insère les brochettes dans les trous. Fixe et colle ton personnage sur les brochettes.

POCHETTE COQUETTE

C'est chouette !

POCHETTE COQUETTE

IL TE FAUT

- 2 poches de jean
- 2 anses de sac en papier
- des chutes de tissu imprimé
- 1 aiguille et du fil
- des ciseaux
- de la colle à tissu

01

Colle les anses de sac en papier à l'intérieur des poches, couds quelques points pour les fixer plus solidement.

02

Assemble les deux poches et couds les bords.

03

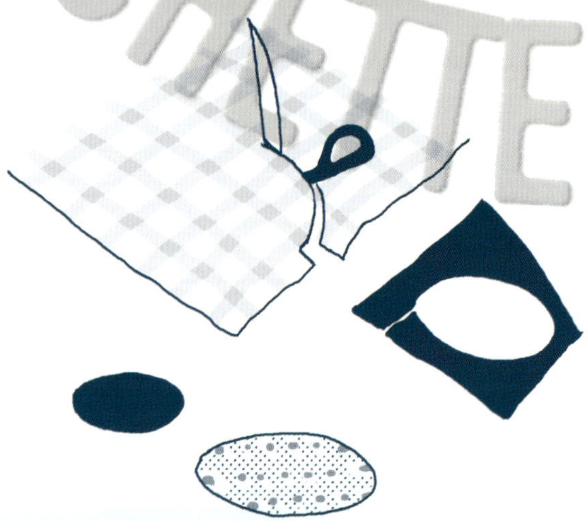

Découpe dans du joli tissu des cercles et autres formes.

04

Colle-les pour décorer le sac. Effet garanti !

LES POTS PEINTURLURÉS

MATÉRIAUX

POTS PEINTURLURÉS

ASTUCE Tu peux utiliser une autre technique de déco : dessine un motif sur le pot, puis gratte-le avec des ciseaux.

IL TE FAUT

- des pots en verre (confiture, compote, crème…)
- de la peinture acrylique
- 1 pinceau large
- les pochoirs à la fin du livre
- du ruban adhésif
- des paillettes, des sequins…

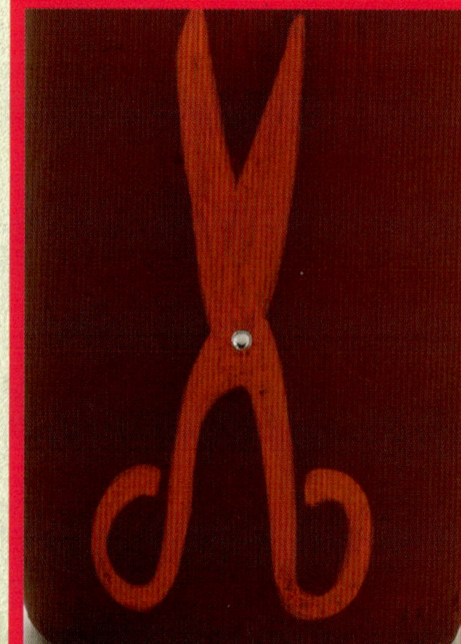

01

Choisis tes couleurs et peins les pots. Laisse bien sécher.

02

Fixe ton pochoir sur le pot avec du ruban adhésif. Puis peins ton motif.

03

Passe à la déco ! Colle des paillettes et des sequins pour customiser tes pots.

04

C'est simple, facile à faire et du plus grand effet ! Tu n'as plus qu'à ranger tes crayons…

PETITS PAPIERS COLLÉS

PETITS PAPIERS COLLÉS

IL TE FAUT

- 1 toile ou 1 morceau de carton épais
- des pages de livre
- des chutes de tissu, de feutrine
- des timbres
- des perles (rocaille…)
- de la peinture
- des ciseaux
- de la colle à papier
- 1 crayon à papier

01

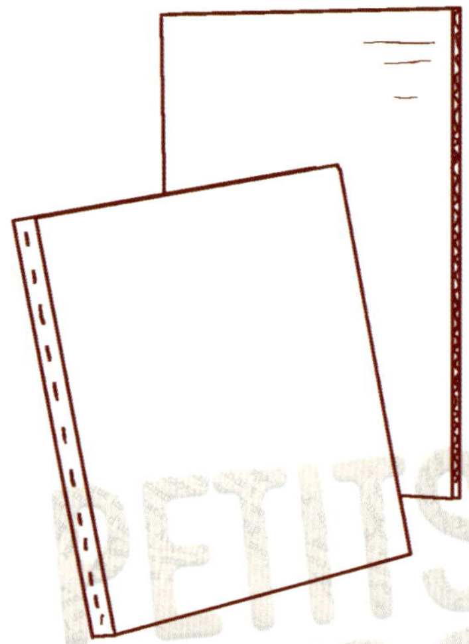

Récupère une toile à recouvrir ou un grand morceau de carton.

02

Déchire les pages d'un vieux livre abîmé ou d'un magazine. Recouvre le fond de ta toile en collant les morceaux de papier. Laisse sécher.

03

Dessine un personnage au crayon à papier et, en guise de vêtements, colle dessus des chutes de tissu. Crée les accessoires avec des timbres, du joli papier, des perles… Termine par des touches de peinture.

04

N'oublie pas de signer ton œuvre de ton nom d'artiste !

C'EST LA FÊTE !

C'EST LA FÊTE !

IL TE FAUT

- des bouchons de bouteilles en plastique
- des pots vides de petits-suisses aromatisés
- de la ficelle fine
- du ruban type bolduc
- 1 grosse aiguille
- 1 cutter (attention, ça coupe !)
- des ciseaux

LA GUIRLANDE DE BOUCHONS

01

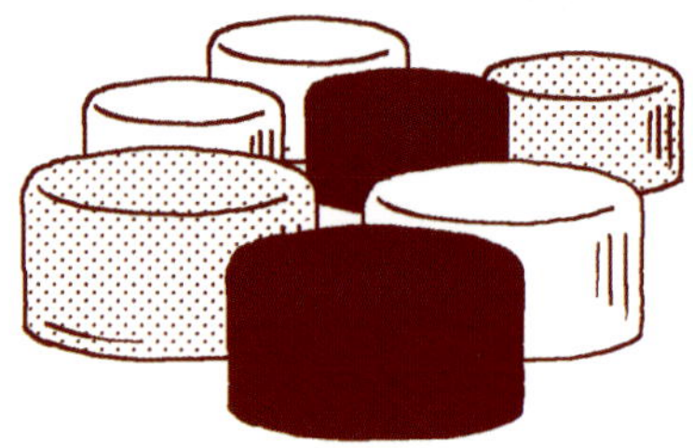

Récupère des bouchons de bouteilles en plastique de différentes tailles et couleurs.

02

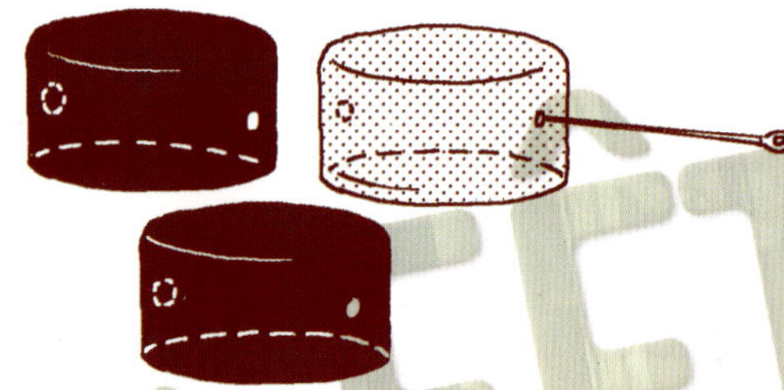

À l'aide d'une grosse aiguille, perce chaque bouchon en faisant deux trous comme sur le schéma.

03

Enfile les bouchons sur toute la longueur de la ficelle et termine par un nœud à chaque extrémité.

LA GUIRLANDE DE PETITS POTS

01

Récupère des pots de petits-suisses de toutes les couleurs.

02

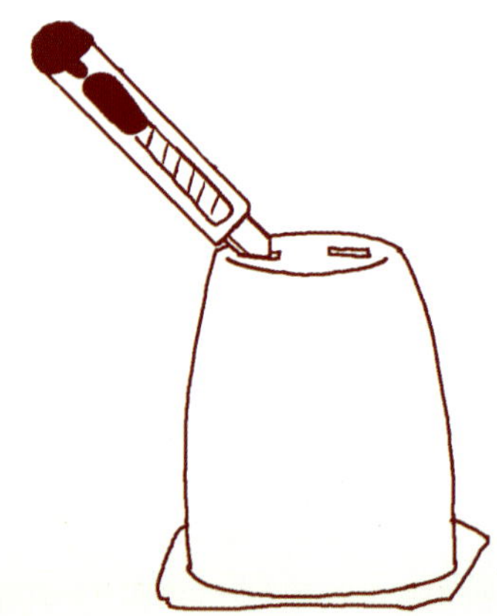

Avec un adulte, fais deux fentes au fond de chaque pot.

03

Enfile les pots sur toute la longueur du ruban. Le ruban passe dans les deux fentes de chaque pot. Termine par un nœud à chaque extrémité.

BOÎTE À COUTURE

Très mode, très tendance !

BOÎTE À COUTURE

ASTUCE Tu peux rajouter des mini-boîtes de céréales découpées pour organiser des rangements intérieurs.

IL TE FAUT

- 1 petite boîte de lessive vide
- 2 vis de 7 cm
- 4 écrous
- 1 fil de fer
- 1 fil de laiton
- 1 pompon
- 2 bobines de fil
- de jolies serviettes en papier
- de la colle forte blanche diluée ou de la colle à papier peint
- 1 bout de carton ondulé (paquet de biscuit)
- des petits boutons
- de la peinture acrylique et des pinceaux
- des ciseaux pointus

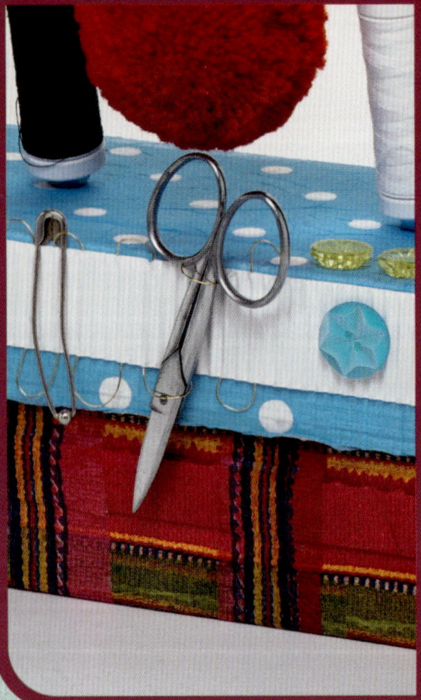

01

Peins la boîte de lessive en blanc. Découpe des morceaux de serviette (ne garde que la couche imprimée) et colle-les sur la boîte. Laisse sécher.

02

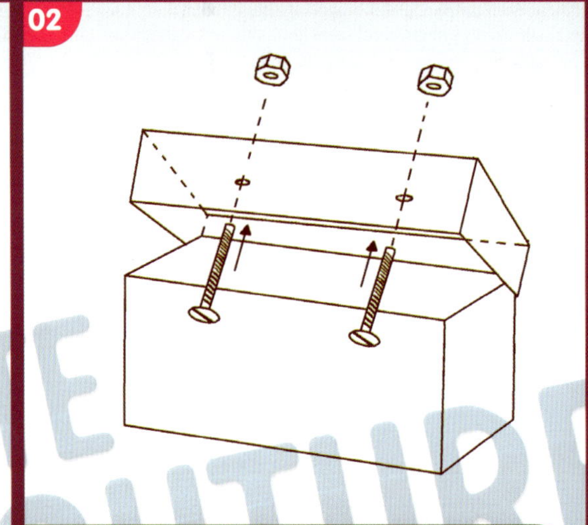

Perce en deux endroits le couvercle de la boîte avec une vis du côté intérieur de la boîte. Visse dessus deux écrous.

03

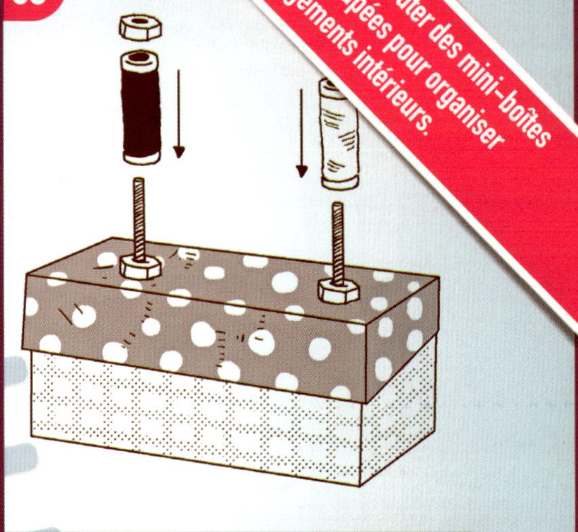

Place les bobines de fil sur les vis et visse par-dessus les deux derniers écrous.

04

Transperce le pompon avec un fil de fer puis enroule les extrémités de ce fil sur le haut des vis.

05

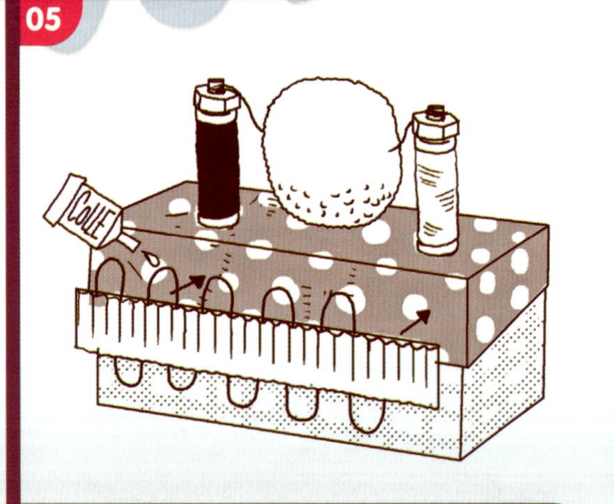

Découpe une bande de carton ondulé, puis fais passer un fil de laiton en zigzag entre les rainures. Enfin colle le carton sur le devant de la boîte. Tu pourras y accrocher tes petits accessoires de couture.

06

Colle des boutons sur la boîte pour décorer et pique des épingles sur le pompon.

LES PINCES-ESCARGOTS

des gastéropodes de commode !

LES PINCES-ESCARGOTS

IL TE FAUT

- 5 pinces à linge en bois
- 3 rouleaux de ruban adhésif vides
- 1 enveloppe kraft
- de la colle forte
- de la peinture acrylique et des pinceaux

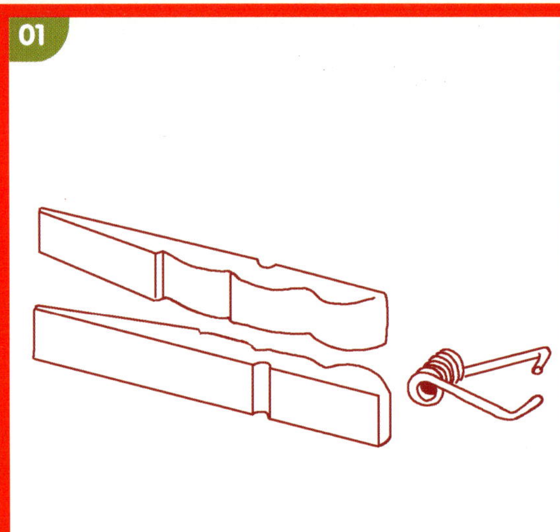

01 Avec l'aide d'un adulte, sépare une pince à linge en deux. Conserve le ressort en fer. Répète l'opération.

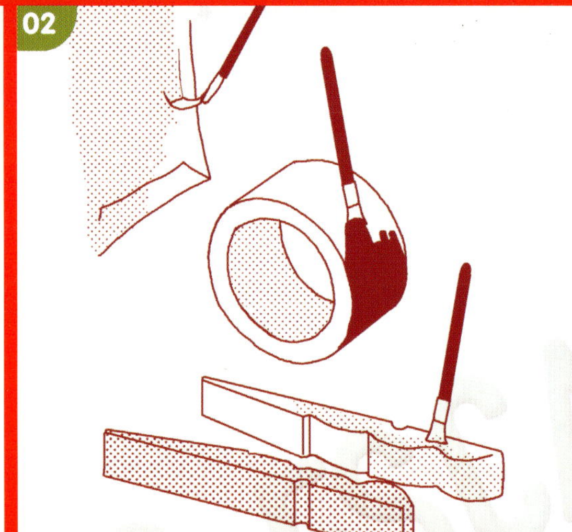

02 Peins l'enveloppe kraft en vert. Décore toutes les pinces à linge ainsi que deux rouleaux de ruban adhésif en suivant ton inspiration.

03 Comme sur le schéma, découpe l'enveloppe en bandes et assemble-les pour créer la salade. Colle la salade sur le rouleau puis sur la pince.

04 Fabrique les escargots : colle ensemble deux morceaux de pince à linge puis colle dessus un rouleau. Termine en collant le ressort en fer à l'emplacement de la tête de l'escargot. Répète l'opération.

05 Colle les escargots sur des pinces à linge entières, et oriente leurs antennes comme il te plaira.

POUR T'Y RETROUVER...

BIM!
BAM!
GLING!
CuiCui
Boîte à secrets
boîte à couture
boîte à